核职业领导力系列丛书

沟通与表达

编著　杨景龙　邱杰峰　成　利　刘延超
史慧梅　李　峰　张恩瑜　夏学传

中国原子能出版社

图书在版编目（CIP）数据

沟通与表达 / 杨景龙等编著. --北京：中国原子能出版社，2023.12

ISBN 978-7-5221-3283-9

Ⅰ. ①沟… Ⅱ. ①杨… Ⅲ. ①语言艺术–通俗读物 Ⅳ. ①H019-49

中国国家版本馆 CIP 数据核字（2023）第 255302 号

沟通与表达

出版发行	中国原子能出版社（北京市海淀区阜成路 43 号 100048）
责任编辑	李静晶 王艳胜
装帧设计	北京金玉森林广告有限公司
责任校对	冯莲凤
责任印制	赵 明
印 刷	北京厚诚则铭印刷科技有限公司
经 销	全国新华书店
开 本	787 mm×1092 mm 1/16
印 张	13
字 数	174 千字
版 次	2023 年 12 月第 1 版 2023 年 12 月第 1 次印刷
书 号	ISBN 978-7-5221-3283-9 定 价 **59.00 元**

网址：http://www.aep.com.cn **E-mail：atomep123@126.com**

发行电话：010-88828678

前言

PREFACE

《沟通与表达》主要介绍了沟通与表达的基本概念、应用技巧、沟通障碍及提升方式。在管理活动中，沟通与表达是无处不在的。可以说，沟通与表达是一种做好管理工作的必要技能。有效的沟通与表达可以改善管理对象之间的关系，让管理活动更加顺畅与高效，从而增强企业的凝聚力和竞争力。

同时，在日常管理活动中，由于身份的不同、性格的差异、不当的习惯、技巧的缺乏等原因，从而造成沟通的障碍，直接或间接地影响了管理的绩效与员工的发展。沟通的障碍有主观原因，也有客观原因；有信息发送者的原因、有信息接收者的原因，也有信息通道的原因。作为管理者，只有了解沟通障碍的问题所在，从而分析解决，才能提升沟通与表达的能力。

福建福清核电有限公司（以下简称“福清核电”）管理层高度重视沟通与表达在核电站生产过程中的重要性，专门成立了《沟通与表达》课程教研组，学习研究沟通与表达的基本原理，深入调查员工在沟通与表达过程中存在的问题，精心编写提升员工沟通与表达技巧的培训教材。期待通过培训，实现福清核电中层与基层管理者沟通与表达能力的提升，实现福清核电管理体系的高效运作，营造良好的有效沟通文化氛围，助力“2035年，再造一个新福核”的奋斗目标。

全文共有六章。第一章主要介绍沟通的定义，讲述沟通的目的、要素和模型等内容；第二章主要介绍沟通的路径，讲述沟通的实现方式、组织形式、通道的选择等内容；第三章主要介绍沟通的技巧，讲述编码的技巧、解码的技巧、管理沟通常用技巧等内容；第四章主要介绍沟通的应用，讲述沟通的对象、沟通的场景、演讲沟通等内容；第五章主要介绍沟通的障碍，讲述信息发送者的障碍、信息接收者的障碍、信息通道的障碍等内容；第六章主要介绍沟通的提升，讲述信息处理能力的提升、信息传递能力的提升等内容。

目 录
CONTENTS

第1章 沟通的定义

随着人类社会的发展，产生了群体活动和行为，从而产生了管理活动或管理行为，而在一个群体中，要使每一个群体成员能够在共同的目标下，协调一致地努力工作，就绝对离不开沟通。沟通，是人类活动和管理行为中最重要的职能之一。当今时代，市场竞争日趋激烈，各方的合作与交流已成为企业的经常性活动，合作的成功与否很大程度上取决于沟通。沟通，也是管理者必须掌握的基本技能之一。什么是沟通？接下来就让我们一起来看看吧。

1.1 沟通的概念

1.1.1 沟通的定义

《大英百科全书》中解释，沟通就是“用任何方法，彼此交换信息，即指一个人与另一个人之间用视觉、符号、电话、电报、收音机、电视或其他工具为媒介，所从事交换信息的方法”。著名组织管理学家巴纳德认为“沟通是把一个组织中的成员联系在一起，以实现共同目标的手段”。《韦氏大词典》中解释，沟通就是“文字、文句或消息之交通，思想或意见之交换”。从管理学的角度，特别是从管理者工作职能特性的要求出发，综合各种沟通的定义把沟通定义为：沟通是信息凭借一定符号载体，在个人或群体间从发送者到接受者进行传递，并获取理解的过程。

沟通是管理学中的一个分支，它是一门交叉学科，是以管理学、心理学、社会学、公共关系学等学科为基础而建立起来的新型学科。所有关系缺乏了沟通，都是一个人的独角戏。沟通是心灵的桥梁，可以疏通障碍、消除误解；沟通是治愈的良药，可以化解冲突、抚平伤痕；沟通更是一杯醇香的热茶，一阵和风细雨，赶走人们心中的阴霾，温暖心灵。再熟悉的人，一旦不沟通了，也就没有了默契；再深厚的情，一旦不沟通了，也就很容易改变。可见，沟通的作用尤为重要，无论和谁相处，有沟通，才有感情，常沟通，才能长久。

中国有句俗话：一言能使人笑，一言也能使人跳。这就极其形象地说明，沟通不仅是一门科学，更是一门艺术。沟通的重要性越来越受到人们的重视，沟通的作用在市场经济的今天正日益发挥出强大的作用。为了更好地与人沟通，也为了更好地掌握沟通这门艺术，每个人都有必要掌握管理沟通技能和技巧。

美国著名公共关系专家特立普、森特在《有效的公共关系》中提到沟通具有“可信赖性、一致性、内容的可接受性、传播内容须与受众有关性、表达的明确性、渠道的多样性、持续性与连贯性、受众能力的差异性”的原则。基本涵盖了沟通的主要环节，涉及传播学中控制分析、内容分析、媒介分析、受众分析、效果分析、反馈分析等主要内容，极具价值。

1.1.2 沟通的魅力

在这里先讲一个故事吧。曾经有一对年过八旬的老夫妻，相敬如宾近六十载。每每在吃鸡蛋的时候，丈夫就把自己最爱吃的蛋黄给妻子吃，自己只吃蛋白；妻子也把自己最爱吃的蛋白给丈夫，自己只吃蛋黄。后来，在丈夫重病即将离世之际，他对妻子说，其实他最喜欢吃的是蛋黄，他把自己最爱吃的部分都给了妻子。这时候妻子也泪流满面，抽泣着说，其实我喜欢吃的是蛋白，我以为你不喜欢吃蛋黄，留下蛋白自己吃，所以我也会把蛋白留给你吃。这对老夫妻，用自己的方式爱了对方一生。但双方却从来没有真正懂得过彼此。可见，缺少了沟通，就很容易产生误会。

一个人必须知道该说什么、什么时候说、对谁说、怎么说。人和人之间，真心要有，信任要有，最重要的沟通也要有。沟通应该是两个人走在一起的第一步，而不该是最后一步。唯有学会沟通，才能让每一天过得更加舒心。

著名政治家、教育家梁启超，育有九子，各个成才，其中有三位是院士。梁启超对子女教育虽然严苛，却也经常听取子女的意愿，因材施教。不论孩子们身在何处，他都会常常写信交流开导，甚至在信上直言关心思念，希望他们不要因为学习而劳累身体。而孩子们也是如此，梁思成就算在海外留学，遇到学业上的问题或者感情上的问题，也都会主动写信请教父亲。有了父亲的书信，即使在异国他乡遇到问题时也游刃有余地解决应对，不再孤独。梁启超对孩子们的爱，藏在每一封漂洋过海的书信和每一次的叮咛、关心中。而孩子们对父亲的爱，也在字里行间表露无遗。在孩子们的心中，他就是“一个亲切有味的父亲，一个童心未泯的老顽童”。

海明威说过：每一个人都需要有人和他开诚布公地谈心。一个人尽管可以十分英勇，但他也可能十分孤独。沟通，是通往心灵的桥梁，好的沟通，会让彼此更亲近，让夫妻之间、父母与孩子之间更紧密。所以，请及时沟通，交流彼此内心的真实感受。爱，在最亲的人面前，真的不需要保留。

心理学家武志红说：“重要的不是发生了什么，而是对方是怎么感受的。我们要永远记住，沟通在亲密关系中是最重要的。”朋友之间缺少沟通，就会把友情冷落；爱人之间缺少沟通，就会让爱情淡化；孩子之间缺少沟通，就会让关系陌生。所以，关系再好，也别忘了及时沟通。但两个人的沟通，70%是情绪，30%是内容。情绪不对，沟通就不对；沟通不对，内容就会被扭曲。沟通，就是我把你放在心上，以真诚之心待你。不论时代怎样变化，真诚是做人的基本要求。说话要真诚，不弄虚作假，不费尽心机。说话以爱为根基，真诚地关心对方，从爱的角度去表达，会让人产生力量。

常言道：良言一句三冬暖，恶语伤人六月寒。从言语上尊重别人，是一个人善良的底线。把别人放在心里，在言语上尊重别人，面对不如你的人，不可倨傲，面对你不如的人，不要卑微。

每个人都有自己不同的处境和身份。与老人沟通不要忘了他的自尊；与男人沟通不要忘了他的面子；与女人沟通不要忘了她的情绪；与上级沟通不要忘了他的尊严；与青年沟通不要忘了他的直接；与孩子沟通不要忘了他的天真。懂得换位思考，把对方放在心上，站在对方的角度考虑问题，以言语给对方以安慰。谨言慎行，在说话之前要考虑你将要说出口的话是否会对对方造成伤害。讲话不能只图痛快，直率不是言语伤人的借口。

有时，生活就是一种妥协、一种忍让、一种迁就。并非所有的事情，都适合针锋相对。适宜的沟通，往往会比锋利的刀子、伤人的言语更深入人心。沟通可以填平“代沟”、消除隔阂，让人相互理解、解开误会，使感情更深。当一个人真正学会沟通的时候，生活定会更加顺利。

1.1.3 管理中的沟通

管理沟通是指社会组织及其管理者为了实现组织目标，在履行管理职责、实现管理职能过程中的有计划的、规范性的职务沟通活动和过程。换言之，管理沟通是管理者履行管理职责，实现管理职能的基本活动方式。它以组织目标为主导，以管理职责、管理职能为基础，以计划性、规范性、职务活动性为基本特征。

管理沟通是企业组织的生命线。管理的过程，也就是沟通的过程。通过了解客户的需求，整合各种资源，创造出好的产品和服务来满足客户，从而为企业和社会创造价值和财富。企业是个有生命的有机体，而沟通则是机体内的血管，通过流动来给组织系统提供养分，实现机体的良性循环。沟通管理是企业管理的核心内容和实质。管理是人类最重要的活动之一，自从人们开始通过形成群体去实现个人无法达到的目标以来，管理工作就成为了协调个人努力沿着组织确定的方向所必不可少的因素。管理就是设计和保持良好环境，使人在群体里高效率地完成既定目标。既然如此，为了设计和保持一种良好环境，为了使人在群体中能够高效率地工作，就需要沟通。

优秀的管理者必然有良好的沟通技能。当然，对现代高层管理者而言，一个最重要的限制，也是最为突出的严重困难就是写作或会谈能力的缺乏，不能将复杂情况用明白易懂的语言表达出来，而对这些情况只有这些管理者有所了解。管理者一个基本的技能，就是以书面或口头的形式组织和表达思想，管理者的成功依赖于通过口头和书面文字对别人的影响程度，这种将自己思想表达清楚的能力可能是一个人应拥有的最为重要的技能。沟通的技能对所有管理阶层工作的功效都是非常关键的。

首先，从管理沟通的性质来看。管理沟通是一种沟通，并且也一定是管理活动中的沟通。但发生在管理活动中的沟通，也必然是一种独特类型或形式的沟通。这种类型的沟通是管理者在履行管理职责的过程中，为了有效地实现管理职能而进行的一种职务沟通活动。

其次，从管理沟通的内容来说。作为管理活动之内容的沟通有别于任何随意的、私人的、非规范的沟通。尽管管理沟通也可能是信息、思想、观点、情感、意见等任何内容的交流，但这些交流却与组织目标、任务和要求等密切相关。管理沟通的任何内容的实施和展开都是受组织目标导引的一种有计划的自觉的规范性的活动和过程。

再次，就管理沟通的形式来看。管理沟通不限于表现为诸如人际沟通、组织沟通抑或正式沟通、非正式沟通等，更应该包括现代组织信息活动与交流的一般管理要求和现代管理方式在内。这意味着管理沟通不仅是一种活动，同时也是一种制度或体制。具体说来，就是组织结构的选择和组织制度、体制的建设要成为为了有效沟通和有利于组织特定管理沟通要求的形式或模式。

最后，就其必要性来看。管理最一般地讲，就是组织大家共同完成某个任务，实现某种目标的活动过程。这个过程以持续的、复杂的、大量的沟通活动为基础。据统计，沟通占据了管理者的大部分时间和精力。所以，管理沟通是管理者的基本职责之一，是管理行为的基本构成要素。不仅如此，管理沟通作为一种新兴的现代管理理念，在当代文化管理、软管理以及学习型组织、团队合作、忠诚、共赢、共同成长和复杂系统建构与运作等一系列新兴的管理理论与理念的支撑下，已经凸显为整个管理的核心内容。这应该引起我们的高度重视和深入思考。

沟通是保证员工做好工作的前提。只有让下属员工明白了他的工作目标要求、所要承担的责任、完成工作后的个人利益之后，才能确定做什么、做到什么程度，自己选择什么态度去做。

沟通是激发员工工作热情和积极性的一个重要方式。良好的沟通，使员工受到鼓舞，使他感觉到自己受到的尊重和他工作本身的价值，他的工作热情和积极性就会自然而然地得到提升。

沟通是员工做好工作的一个保障。只有准确、及时地把握员工的工作进展、工作难题，并及时为员工工作中遇到的难题提供支持和帮助，进而保证整个部门，乃至整个企业的工作协调进行。

不重视沟通，这是企业管理人员经常犯的一个错误，尤其是在中国企业中。企业管理人员之所以犯这个错误，是因为他们受儒家文化的等级观念影响太深，片面强调被管理者应无条件地服从，从而认为除了告知对方做什么、做到什么程度之外，再告知其他相关信息都是多余的。更不用说就对方的态度、情感，通过沟通达成理解和认同。没有充分有效的沟通，员工不知道做事的意义，也不明白做事的价值，因而做事的积极性也就不可能高，创造性也就无法发挥出来。

相反，如果有比较充分而有效的沟通，在让员工明了他所做的工作的目标和意义、价值后，会倍增他们的工作热情和主动性。一个希望有所作为的管理人员，如果明了沟通与管理的关系，也就绝不会轻视管理沟通工作。

1.2　沟通的目的

可以说，没有沟通就没有人际的互动关系，人与人之间关系就会处在僵硬、隔阂、冷漠的状态，会出现误解、扭曲的局面，给工作和生活带来极大的害处。信息时代的到来，工作、生活节奏越来越快，人与人之间的思想需要加强交流。社会分工越来越细，信息层出不穷，现代行业之间迫切需要互通信息，这一切都离不开沟通。对个人而言，良好的沟通可以使我们很坦诚地生活，很有人情味地分享，以人为本位，在人际互动中充分享受自由、和谐、平等。不难想象，在一个家庭、一个单位、人与人之间，如果没有沟通，那是多么闭塞、无聊、枯燥、乏味。

现代的世界是个沟通的世界，通过沟通可以拓展个人关系的网络，发展人际关系中的支持系统；使交谈富有意义而且轻松愉快，使对感受到你的尊重和理解，能够快速刺激他人接纳自己，让他人自愿地提供更多的协助，发展互惠互利的合作关系；另外还可以避免人际之间无谓的争论，不伤害双方的感情，减少因误解所造成的压力，克服愤怒、恐惧、害羞等有害情绪，促进身体健康。沟通如同黑暗中的一缕光，让一切有了生机和活力。多少爱情、婚姻、友谊、同事与上下级之间的关系，因毫无沟通或沟通不畅，而濒临破裂，因良好的沟通而冰释前嫌，世界上大多数的事情都可以进行沟通。

人与人之间的关系，是由事情联系起来的，人在世上一定要做事。要想做好事，必须要先做好人，因为事的主体就是人，成功做事，就先要成功地做人。“人对了世界就对了”，要想“人对了”最重要的是沟通。

对一个组织而言，良好的沟通可以使成员认清形势，使决策更加有力、有效，建立组织共同的愿景。主管可以通过沟通，引导下属员工更好地工作；下属员工可以通过沟通，更好地理解、执行领导的意图和决策；同事之间可以通过沟通，更加精诚团结密切合作。在一个组织里，所有的决策和共识，都是通过沟通来达成的。

沟通是管理工作的灵魂，是提高工作效率，实现共同目标，满足各种需要的重要工具。我们所做的每一件事情都是在沟通，比如上情下达或下情上传等。不论沟通是否有效，沟通构成了日常工作中的主要部分。管理工作中 70%的错误是由于不善于沟通造成的。成功的公司管理人士通常会将 70%以上的工作时间用于部属之间的良性沟通，通过清晰的指导与决策节省时间与精力，减少重复劳动，提高工作效率，提升他人和自己对工作的满意度，用非强制性策略影响或激励他人。国内外事业有成的名企，无不视沟通为管理的真谛。

企业实现高效率和充满生机，赖于下情能为上知，上意能迅速准确地下达，部门之间互通信息，互知甘苦，这就需要沟通，需要高速、有效的沟通。良好的沟通使员工感觉到企业对自己的尊重和信任，因而产生极大的责任感、认同感和归属感，此外，良好沟通还能减少冲突，化解矛盾、澄清疑虑、消除误会，增强团队的内部凝聚力。人的因素是企业成功的关键所在。企业管理说到底就是做人的工作，其中观念整合是先导，所有的管理问题归结到最后都是沟通问题。理论认为人是文化人，管理之道在于揆情度理，特别强调企业部的沟通。

以沟通管理企业，就是以成功锻造企业丰碑。孙武云：上下同欲，士可为之死，为之生。只有沟通才能创造如此和谐的境界，从而赢得人心，凝聚出一股股冲天士气，支撑起企业大厦。

1.2.1 信息的传递

我们先看一个案例。小核是一家企业中的制造部门经理，他一上任，就对制造部门进行改造。他发现现场的数据很难及时反馈上来，于是从生产报表上开始改造。借鉴母公司的生产报表，设计了一份非常完美的生产报表，从报表中可以看出生产中的任何一个细节。每天早上，所有的生产数据都会及时地放在小核的桌子上。小核很高兴，认为他拿到了生产的第一手数据。可没有过几天，出现了一次大的品质事故，但报表上根本就没有反映出来，小核这才知道，报表的数据都是随意填写上去的。为了这件事情，他多次找工人开会强调认真填写报表的重要性，但每次开会，在开始几天可以起到一定的效果，过不了几天又返回了原来的状态。具体原因他怎么也想不通。

小核的苦恼是很多企业中的经理人普遍存在的烦恼。现场的操作工人，很难理解小核的目的，因为数据分析距离他们太遥远了。大多数工人只知道好好干活，拿工资养家糊口。不同的人，他们所站的高度不一样，单纯地强调、开会，效果是不明显的。

站在工人的角度去理解，虽然小核不断强调认真填写生产报表，可以有利于改善，但这距离他们比较远，而且大多数工人认为这和他们没有多少关系。后来，小核将生产报表与业绩奖金挂钩，并要求干部经常检查，工人们才知道认真填写报表是与切身利益有关系，才重视起来。

还有一个有趣的故事同样说明了有效沟通往往能理解看似根本无法解决的问题。一个公主病了，她告诉皇帝，如果她能拥有月亮，病就会好。皇帝立刻召集全国的聪明智士，要他们想办法拿月亮。总理大臣说：“它远在三万五千里外，比公主的房间还大，而且是由熔化的铜所做成的。”魔法师说：“它有十五万里远，用绿奶酪做的，而且整整是皇宫的两倍大。”数学家说：“月亮远在三万里外，又圆又平像个钱币，有半个王国大，还被粘在天上，不可能有人能拿下它。”皇帝又烦又气，只好叫宫廷小丑来弹琴给他解闷。小丑问明一切后，得到了一个结论：如果这些有学问的人说得都对，那么月亮的大小一定和每个人想得一样大、一样远。所以当务之急便是要弄清楚公主心目中的月亮到底有多大、多远。于是，小丑到公主房里探望公主，并顺口问公主，“月亮有多大？”“大概比我拇指的指甲小一点吧！因为我只要把拇指的指甲对着月亮就可以把它遮住了。”公主说。“那么有多远呢？”“不会比窗外的那棵大树高！因为有时候它会卡在树梢间。”“用什么做的呢？”“当然是金子！”公主斩钉截铁地回答。比拇指指甲还要小、比树还要矮，用金子做的月亮当然容易拿啦！小丑立刻找金匠打了个小月亮、穿上金链子，给公主当项链。公主很高兴，第二天病就好了。

在沟通中，不要简单地认为所有人都和自己的认识、看法、高度是一致的，对待不同的人，要采取不同的模式，要用听得懂的语言与别人沟通。

你真的听懂了下属的话了吗？你是不是也习惯性地用自己的权威打断下属的语言？我们经常犯这样的错误，在下属还没有来得及讲完自己的事情前，就按照我们的经验大加评论和指挥。反过头来想一下，如果你不是领导，你还会这么做吗？打断下属的语言，一方面容易做出片面的决策，另一方面使员工缺乏被尊重的感觉。时间久了，下属将再也没有兴趣向上级反馈真实的信息。反馈信息系统被切断，领导就成了“孤家寡人”，在决策上就成了“睁眼瞎”。与下属保持畅通的信息交流，将会使你的管理如鱼得水，以便及时纠正管理中的错误，制定更加切实可行的方案和制度。

1.2.2 情感的表达

沟通作为一种情感表达的重要方式，也是需要讲究技巧的。需要充分吸引对方，使其愿意与自己沟通。有这样一个故事：一个农村里住着一个老头，他有三个儿子。大儿子、二儿子都在城里工作，小儿子和他住在一起，父子相依为命。突然有一天，一个人找到老头，对他说："尊敬的老人家，我想把你的小儿子带到城里去工作，可以吗？"老头气愤地说："不行，绝对不行，你滚出去吧！"这个人说："如果我在城里给你的儿子找个对象，可以吗？"老头摇摇头："不行，你走吧！"这个人又说："如果我给你儿子找的对象，也就是你未来的儿媳妇是大富豪的女儿呢？"这时，老头动心了。过了几天，这个人找到了大富豪，对他说："尊敬的洛克菲勒先生，我想给你的女儿找个对象，可以吗？"大富豪说："快滚出去吧！"这个人又说："如果我给你女儿找的对象，也就是你未来的女婿是世界银行的副总裁，可以吗？"大富豪同意了。又过了几天，这个人找到了世界银行总裁，对他说："尊敬的总裁先生，你应该马上任命一个副总裁！"总裁先生说："不可能，这里这么多副总裁，我为什么还要任命一个副总裁呢，而且必须马上？"这个人说："如果你任命的这个副总裁是大富豪的女婿，可以吗？"总裁先生当然同意了。

虽然这个故事不尽真实，存在许多令人疑窦之处，但它在一定程度上体现了沟通的力量。

这个故事告诉我们，沟通时，信心非常重要，只有心里认定了这件事对双方都有好处，才能获得对方的配合，取得沟通的成功。而且认定了这一点后，还要不屈不挠，不怕拒绝，直到取得最后的胜利。

有一位总经理，公司经营百废待兴，举止失措，不知从何处下手，公司上下关系也比较紧张。由于异地工作，家中急需关怀的老小都在千里之外，生活上少有顾及，自己在工作上也很辛苦。身体上的辛劳是可以言状的，精神上的疲惫则是说不清的。他在位接近两年，工作没有起色，员工有很多意见，平级也没有认可的，上级也少有欣赏的，孤家寡人的滋味很是苦涩。我们两个进行了坦率交流，他左思右想，不知问题在什么地方。我告诉他，问题在于他很难与周围的人沟通，有些上下左右的摩擦，是可以通过沟通避免的。

他坦言，也想跟人沟通，但是别人不愿意与他沟通。其实，起决定作用的是内因，就看自己有没有与他人沟通的意愿。他承认自己不太会说话，想到的说不出来。但沟通不只是个说话技巧问题，而是首先要跳出自我的框框，成为一个社会人，站在对方的角度考虑问题，要搞清楚你要与之沟通的人想些什么、关心什么。他表示，平时考虑他人少了，在这方面鲜少花心思；其实，关心他人这是一个人基本素质的体现，心中没有别人，怎么去琢磨对方心里想什么！他还表示，他心底里绝对没有看不起谁。但其实，这不是最主要的，有时自卑与漠视他人的需要有更多的关联。他惊讶，很少流露自卑的情绪，怎么为我洞见。其实，经理人更应该注重开发自我、思考自我，借此来观察世界。沟通问题说到底是一个做人的问题。这个总经理最后有所醒悟，可惜醒悟晚了。

1.2.3 激励与批评

马斯洛的需求层次理论解释为，人的需求分为生理需求、安全需求、社交需求、受尊重需求和自我实现需求五个层次，而且各个需求是从低至高逐步产生的，只有满足了低层次的需求才会产生更高层次的需求。所以企业应该为处于不同需求层次的员工设计不同的激励措施，以实现用最小的成本达到最高的员工忠诚度、稳定性和士气。

美国著名成人教育家卡耐基指出，为人处世基本技巧的第一条就是“不要过分批评、指责和抱怨”。第二条是“表现真诚地赞扬和欣赏”。

一家大型公用事业公司业绩不振，亟待扭转，公司总裁采用了一种非常特殊的手段。他让公司的中层主管上报哪些是公司最具影响力的人。“不要考虑管职称和岗位”“哪些人代表了本公司的决心？”他想知道，公司若想把决策贯彻下去，需要得到哪些人的支持。

经过一个星期的深思熟虑，中层主管们递上了一份耐人寻味的名单，上面列名的舆论领导者，都是很典型的员工，他们包括了一些工程师、应收账款员、货运卡车司机、秘书和一些中层主管本身，甚至还包括了一名清洁工。

这名总裁随后召集了这 150 名一线主管及所有舆论领袖开了一次会。他交给大家一份议程和计划，说道："这是我们在财务上应有的表现，这是我们要用到核能发电的地区，这是我们的生产效率应达到的水平……"。展示了所有大目标和挑战后，他总结道："我本来打算问中层主管该怎样来干，可是他们告诉我，诸位才是使公司运转的灵魂人物，所以，我邀请各位一起参与，我需要在场的各位协助。那么，我应当有什么样的激励计划和奖励方案，才能使大家齐心协力来做这件事呢？"

这些舆论领袖回到各自的工作岗位后都在猜测："为什么他会问我？""工作不知能不能保得住？""提了意见后会不会被秋后算账？"可是总裁意志坚定，态度诚恳，确实是在征求意见。一些员工经过认真思考后，交回来的答案不仅令人惊奇，而且效果也非常好。中层主管领导们不禁对这种反馈上来的意见感到震惊，认为这是他们在数年前就应当做了。经过这次转型后，该公司开始步入正轨，效益持续增长。

这种方式要求员工有什么想法或意见应进行及时直接的沟通，以解决问题为导向，直接把问题放到桌面上来谈，并将自己对该问题的看法、理解以及自己所认为的合适的解决方法和盘托出，在征求总裁的意见后，去执行以解决问题。

员工通过这样一种方式与总裁进行交流，不仅可以表现出自己对问题的把握尺度和分析判断能力，同时又能在问题解决之前征求到总裁对此问题的意见，这样既体现出自己的工作能力和团队协作精神，又能表达出对总裁的尊重，可谓一举两得。

宋太祖赵匡胤在臣子张思先面前说过："因你这次为君为国做出如此重大贡献，我决意让你官拜司徒。"可张思先左等右等总不见任命下来，又不好当面质询，这会让皇帝面子上不好看，也可能此事就吹了。左思右想，索性幽默一下，来个皆大欢喜。

有一天，张思先故意骑一只奇瘦的马从赵匡胤面前经过，并惊慌下马向皇帝请安。赵匡胤问道："你这匹马为何如此之瘦？是不是你不好好喂它？"张思先答："一天三斗。"皇帝说，"吃得这么多，为何还如此之瘦？"张思先答："我答应给它一天三斗粮，可是我没给它吃那么多。"于是，二人大笑不止。赵匡胤是个聪明人，马上有所顿悟。第二天，就下旨任命张思先为司徒长史。

身居高位之人，即使请你批评指正，他所真正要的还是赞美。因为，这是人性所在。因此，为了达到批评目的，你要含蓄、幽默、机智，让领导顿悟。

1.3 沟通的要素

在沟通过程中，信息由沟通主体通过一定渠道和媒介传播给信息接受者，信息接受者接收到信息后会对信息进行加工、消化以及反馈，这就是一个沟通的过程。在此过程中，沟通的效果受到一系列变量的影响，首先是沟通网络质量因素；其次是沟通双方的心理因素，如两人间的信任关系，人际关系较好的两方之间一般沟通的效果也越高；最后沟通的效果还受到双方知识能力的影响。整个沟通过程由七个方面要素组成，即信息源、信息、通道、信息接收者、反馈、障碍和背景。

1.3.1 信息编码与信息通道

信息源是指拥有信息并试图进行沟通的人，即沟通者。沟通的目的各有不同，有的只是为了提供信息，有的为了影响别人，有的为了与人建立某种联系等。沟通者的概念是相对的，在整个沟通活动中，沟通双方往往互为沟通者和信息接收者。

信息是指沟通者试图传达给别人的内容，这种内容往往附加有沟通者的观念、态度和情感。沟通者附加的态度和情感主要通过声调、语气、语速、附加词、语句结构以及表情、神态、动作等方式加以传递。这种信息可能是直接明确的，即内容通俗易懂，直截了当，无需思索和逻辑推理，这种信息也可能是间接隐晦的，需要深刻理解和推理才能弄懂其内容。

通道是指沟通信息传递的方式。人的五感如视觉、听觉、味觉、嗅觉、触觉都可以接收信息，但在日常生活中最主要和运用最为广泛的沟通是视觉沟通和听觉沟通。人们常用的沟通的方式既包括面对面的直接沟通，也包括网络沟通、语音沟通（电话）、文字沟通（书信）、间接语音沟通（托人捎话）等间接沟通方式。心理学家研究发现，在所有的沟通方式中，影响最大的仍然是原始的面对面的沟通方式。这是因为在面对面沟通中，沟通者除语言信息外，还可以通过眼神、表情、姿态、动作等向信息接收者传达更为全面的信息内容，对接收者具有更强烈的感染作用。同时，沟通者还可观察到信息接收者完整的反馈信号，全面了解接收者对信息的反应，并可根据对方的反馈及时调整自己的沟通方式。如果对方表现出的是积极的反应，则可以继续进行沟通，如果对方表现出消极的反应，则会随时对沟通方式和沟通内容加以调整，有助于提高沟通效果和最大限度地对接收者产生影响。

近年来出现的网络沟通主要包括文字沟通以及视听沟通等形式，博客、空间的文字沟通仍类似于先前的书信沟通，而网络视频沟通虽然远比博客沟通要先进和全面，但和面对面沟通相比，仍有许多不足。首先，视频沟通者和接收者必须通过观看视频画面才能实现沟通，这就容易给接收者造成一定的注意力转移，而面对面沟通则没有这样的问题。其次，和最直接的面对面沟通相比，视频沟通仍有一定的间隔感和距离感，无法实现直接沟通中的一些感情及信息传递功能，如拍肩膀、握住手安慰、递纸巾让擦眼泪等。再次，因视频画面局限，视频沟通远没有面对面沟通的视角全面、细微，尤其是缺乏画面外线索以及背景资料等。

开始传递信息的方式往往决定了沟通的结果。我们都曾有过这样的经历，当某人开始讲话时，第一句话就不得体，几句话就会使得人们的注意力分散，甚至使他们因厌烦而退场，拒绝我们所传递的信息。

研究表明，别人决定是否喜欢我们、信任我们、想与我们交往的时间不会太长，每一秒钟都很关键。当面对面的时候我们大概有 2 分钟的时间，电话里有 30 秒钟，声音邮件只有 10～15 秒钟。

1.3.2 信息解码与信息反馈

信息接收者即指接收信息的人。信息接收者的信息接受是一个复杂的过程，包括一系列注意、知觉、转译和储存等心理活动。信息接收者有可能是多个他人，如正在听课的学生、听取演讲的听众、群体性事件中被说服的人群等，也可能仅仅是自己，如自我沟通。

反馈是指信息接收者对信息的反应。反馈可以反映出信息接收者对信息的理解和接受状态。根据信息接收者对信息的理解、接受状态，反馈可分为正反馈、负反馈和模糊反馈。如果反馈显示出信息接收者理解并接受了信息，如当事人对调解员所说话题饶有兴趣或者点头称是，则这种反馈为正反馈；如果反馈显示出信息没有被理解和接受，如听者一脸的茫然或直接打断说“我不懂你的意思”，说明听者并没有理解信息的内容，或者听者表现出很不耐烦的神态，阻止不让再说下去，表明不同意沟通者的见解时，则这种反馈为负反馈；如果信息接收者对信息的反应处于不确定状态时，即信息不够充分，接收者无法决定接受与否，这种反馈则为模糊反馈。模糊反馈并不是说接收者没有反应，而是接收者已经理解并接收到了信息，虽然接收者没有明确的表态，但信息会对接收者产生一定的影响。

反馈不一定来自对方，沟通者也可以在信息发送过程中自行获得反馈信息，比如沟通者发觉自己所说的话有误或不够准确，也会对此自行调整，心理学家称之为自我反馈。在自我沟通中常伴随有自我反馈。

沟通属于一种交互作用，在实际的沟通过程中，沟通的双方都在不断地将反馈信息回传给对方，始终处于一种双方互相传递和反馈信息的过程，任何一方既是沟通者也是反馈者，如果一方缺乏反馈或者出现负反馈，则会造成沟通的阻断，导致沟通无法继续进行，比如对方面对沟通者的说辞无动于衷，甚至反感，那么，沟通则会以失败而告终。

1.3.3　背景噪声与沟通障碍

人们在沟通中经常会发生障碍，沟通过程中任何环节出现问题，都会造成沟通障碍。如信息不明确，没有表达清楚、信息没有被正确转换成可以沟通的信号、错用沟通方式、信息接收者误解信息，过于随意的批评被人误认为是在开玩笑等，都有可能造成沟通障碍。

前些日子出差，客户的公司门口有一家宠物店，看到宠物店中有一条小狗，经过一番讨价还价，把小狗买了下来带回家去。晚上给二姐打电话，告诉她我买了一条博美，她非常高兴，马上询问狗是什么颜色，多大了，可爱吗。晚上，大姐打电话来询问我最近的情况，小狗在我接电话的时候叫起来，大姐在电话里一听到有狗在叫，就问狗是否很脏，咬人吗，有没有打预防针……同样是对于一条狗的理解，然而不同的人反应的确差别很大。二姐从小就喜欢狗，所以一听到狗，在她的脑海中肯定会描绘出一幅一条可爱的小狗的影像。而大姐的反应却是关心狗是否会给我们带来什么麻烦，在脑海中也会浮现出一副“肮脏凶恶的狗”的影像。

不同的听众，不同的理解。同样的一件事物，不同的人对它的概念与理解的区别是非常大的，在我们日常的谈话与沟通当中也是同样的。当你说出一句话来，你自己认为可能已经表达清楚了你的意思，但是不同的听众会有不同的反应，对其的理解可能是千差万别的，甚至可以理解为相反的意思。这将大大影响我们沟通的效率与效果。在我们进行沟通的时候，需要体会对方的感受，做到用“心”去沟通。

背景即沟通发生的环境。不同的背景，信息会被赋予不同的意义。同样一句“你这人差得远”，如果是在私人社交圈里对某个朋友说，会被认为是一句玩笑话，如果是在正式的场合对某人说，则会被认为是一种侮辱。

林小姐是一家广告公司的总经理。年初，公司与电视台签订了合同，承办了电视台半个小时的汽车栏目。为了更好地办好这个栏目，公司引进了一个新的合伙人，新的合伙人非常有能力，但优点明显的人，缺点往往也同样明显。林小姐与新合伙人在工作中产生一些摩擦，有时会因为一些小事情产生争执。一天，因为林小姐修改了他的方案，两个人产生了争执。林小姐随口说出：“不行就散伙吧。”合伙人听了后没有再说什么，但是，从那天起，两个人的矛盾逐渐加深。后来，合伙人对林小姐讲述了自己的看法，觉得林小姐说出“散伙”二字他听起来特别刺耳。林小姐才知道，这个合伙人几年前离了婚，所以对“散伙”特别敏感。

其实林小姐也不是真的想“散伙”，而只是随口说出，她也没有想到会对合伙人造成了这样大的伤害。在沟通前应该认真思考对方能够接受什么样的语言，什么样的方式，要选择对方能够接受的方式方法进行沟通，这是沟通获得成功的第一个步骤。在实际中，在企业中的沟通，往往会忽视这一点。

1.4 沟通的模型

1.4.1 沟通的行为模型

一个沟通的开展，人们将做出一系列的行为，这些行为受人们所处的社会角色决定。在一个组织中，管理沟通常用于某些任务的下达或者理念的传递，在此过程中，不可避免地需要某些必要的因素，依据这些因素，可以形成人们常用在管理沟通中的模型。

CLEAR 模型就是常用的沟通行为模型的一种，它包括相关性、活动、结果与衡量、资源、意义。

CLEAR 模型可用于组织沟通的各个环节，包括组织层面、团队领导人层面和员工层面，不同角色的沟通者可以利用此模型对不同的沟通场景进行理解和确认。它的核心要素是无论我们处于哪个沟通角色，我们必须掌握以下几个事情：我的工作和目标是否相关？具体应该做些什么？怎么做？衡量的标准是什么？能够预见到的结果是什么？我需要哪些资源和帮助？这样做对大家到底有什么意义？把握住这几个问题，可以对上级、下级和平级做出的沟通行为有良好的理解，也可以让沟通对象更加清楚我们的沟通目的，促进沟通良好高效地开展。

1.4.2　沟通的性格模型

沟通是人与人之间信息和情感的流动，这个流动过程是受人的固有特性影响的。性格类型就是人的固有特性之一，管理心理学家提出，人的性格影响沟通效果，并将人的性格类型分为六种，分别是单一型的贵族型、苏格拉底型、深思熟虑型、混合型的法官型（贵族和苏格拉底）、求职型（深思熟虑和苏格拉底）、参议员型（贵族和深思熟虑）。每个性格类型其有自身独特的特点，对待不同性格类型的沟通对象要采取不同的方法，同时要注意克服性格对沟通效果的影响。

贵族型突出的特点是结果导向、言辞较少、不在意别人的感觉、直奔主题、不喜欢细节，这样的沟通对象要注意这样几件事：事先准备要说的内容；尽快表明你的目的；说话直截了当；不要为他看上去鲁莽的言行生气。贵族型沟通中讲究忠诚感，要尽快获得对方的肯定是沟通继续下去的基础。同时作为贵族型的沟通发起者也要注意尽量克服不在意别人的感觉、直奔主题等直男行为。

苏格拉底型突出的特点是非常注重细节、有点啰嗦、喜欢辩论、喜欢探讨所有的可能性，这样的沟通对象要注意这样几件事：准备好被提问或教导；有耐心听他的长篇大论。苏格拉底型是生意上的谈判好手，他的出场往往是压垮谈判对手的最后一根稻草。同时作为苏格拉底型的沟通发起者也要注意尽量克服有点啰嗦、喜欢辩论等唐僧行为。

深思熟虑型突出的特点是非常耐心地倾听，沟通中避免争议，将增进感情作为交流的首要目标，可能隐藏真实意思，这样的沟通对象要注意这样几件事：照顾对方感情；要得到真实信息必须有良好的沟通环境；对问题多表明自己的责任感、少指责他人。同时作为深思熟虑型的沟通发起者也要注意尽量克服可能隐藏真实意思、只听不说等佛系行为。

复合的性格类型就是上述三种单一型性格类型的两两组合，其中有互补的组合可以促进沟通的良好进行，相对的组合却往往是沟通一开始便难以为继，了解好自己和沟通对象的性格特点，可以更好地避免对沟通产生不利影响，最高效率地追求沟通效果。

1.4.3　沟通的金字塔模型

主要思想总是从次要思想中概括出来的，文章中所有思想的理想组织结构也就必定是一个金字塔结构——由一个总的思想统领多组思想。在这种金字塔结构中，思想之间的联系方式可以是纵向的——即任何一个层次的思想都是对其下面一个层次上的思想的总结；也可以是横向的——即多个思想因共同组成一个逻辑推断式，而被并列组织在一起。通过归纳推理和演绎推理。明托认为，给出观点或者论点的最好方式就是像这样进行结构化的思考。

金字塔原理具有以结论为导向之推论过程，而推论过程之议题论述类似金字塔形状，大量运用归纳法与演绎法，以加速推论过程平、解构过程即是梅切原则运用的特点。其实就是“以结果为导向之论述过程”，或是“以结论为导向之逻辑推理程序”，其中，越往金字塔上层之论述价值越高。此外，根据归纳法所论，支持结论之每一推论之子推论间均保持“相互排斥的，集体穷尽”，即“相互独立，完全穷尽”，且构成每一子推论之孙推论间也满足“相互独立，完全穷尽”。

金字塔结构可以制造悬念，吸引注意力。当读者或者听众突然接收到这个结论时，他内心是很兴奋的，他会想，为什么会有这样的结论？这样的结论从何而来？这个结论靠谱吗？这个结论怎么用？等等，而解开这些问题的方式只有一个，那就是仔细听下去。因此，我们可以紧紧抓住他们的注意力一层一层打开金字塔，一个一个解答他们心中的问题。

金字塔结构也可以降低受众的思考压力。当受众听课、听演讲时，每一个人的大脑都是在花费精力逐句理解作者表达的思想逻辑，并且从中提炼和理解作者的核心思想。可无论受众的智商有多高，他可利用的思维精力是有限的，其中一部分用于识别和理解字和词，另一部分用于找出作者的各种思想关系，剩下的用于理解作者表达的思想含义。当我们用金字塔结构表达的时候，实际上减少了作者在前两方面所花的精力，将更多精力集中在理解我们要表达的思想含义上，避免了受众在不断寻找句子间联系时产生的厌烦情绪。

第2章 沟通的路径

在人际沟通层面上要想实现完美的沟通，沟通者通常需通过借用不同的媒介来完成。根据媒介的不同，会呈现为语言沟通和非语言沟通等不同的沟通方式。同时，针对两人沟通或多人沟通，组织方式的不同也会带来不同的沟通效果，如果我们希望每次沟通都能达到想要的理想结果，对沟通路径的了解会起到一定的帮助。

2.1 沟通的实现方式

沟通主要是通过语言沟通和非语言沟通来实现的。语言沟通一般指使用正式语言符号的沟通，利用语言、文字、图画、表格等形式进行信息传递与交流。它建立在语言文字的基础上，主要分为书面沟通和口头沟通两种形式。非语言沟通一般不会使用正式的语言符号，而是使用除语言符号以外的各种符号系统来进行沟通。包括：通过非语言的声音（如重音）、声调、音质、音量、语速以及语气等的变化来传达信息。根据非语言行为存在的状态，可将非语言沟通分为身体语言沟通、副语言沟通、环境语言沟通等类型。

心理学家认为：100%信息 = 7%语言 + 38%语音 + 55%态势。

2.1.1 口头沟通

口头沟通是一种通过口头语言来进行信息传递交换的方式，我们常说的谈话、讨论、电话、视频通话等都属于这种方式。有声音语言是沟通的主要手段，是人们之间最基本、最常用、最直接有效的语言沟通方式。

口头沟通的优点是：第一，方式灵活多样，传达情感直观、简便；第二，口头沟通传递时效短，收到回复也更加快捷；第三，由于其快速传递这一优点，可以在接收者对信息产生疑问时，及时反馈至发送者，以反映信息中存在的问题并进行改正，有助于发送者与接收者对问题的了解。

随之而来的缺点是沟通内容存在不确定性、随机性，沟通范围有限；通常口头表达需要的反应力较强，面对面时易对沟通双方造成较强心理压力，影响沟通效果；除此之外，口说无凭，传递者会根据自己主观思想和偏好在传递信息时增删内容，故对所传达信息真实性应加以注意。

◎ **案例：**19 世纪的维也纳，在上层妇女中的一种高檐帽非常流行，深受大家喜爱。喜爱到当他们在剧院里看戏时也不舍得摘下帽子，哪怕戏院明确提出将帽子摘下的要求，她们仍置若罔闻，也不管这高高的帽檐是否挡住了后排观众的视线。这个问题困扰剧院很长时间。某天，一位剧院经理灵机一动，大声说："女士们请注意，本剧院要求观众要脱帽看戏，但是年老一些的女士可以不必脱帽。"听到这话，全场的女性都把帽子脱了下来。信息传递如此清晰且公开，哪有女人会愿意当众承认自己年老呢？这就是口头沟通的魅力，通过女性对自己年龄在意程度从而达到情感共鸣，使女性顺利脱帽。

2.1.2 书面沟通

书面沟通是指将文字落于"纸面"，进而在人与人之间更好地进行思想交流与信息传递，我们通常接触到的书籍、信件、报纸文章、传真等等，都属于书面沟通。它可以弥补口头沟通的不足，例如难以言传或者多说无益等不足。

主要优点是：其一，不会产生口说无凭的说法，有据可查，不会因信息传递过程中受到人为主观意识的影响而导致内容不真实，且有利于沟通双方长期保存沟通记录，便于事后查询；其二，利用书面方式可以更好梳理思路，呈现出更周密、逻辑性更强的效果。在言语广泛被大众所熟知之前，作者可以多次修改，随时补充，直至修改满意、思路清晰、内容充分与完整；其三，书面沟通因其内容的可复制性，可以广泛传播。

书面沟通的缺点有：其一，沟通双方反馈周期较长，反馈进度缓慢；其二，一些口头用语无法以书面形式具象化，会导致信息传递双方存在理解误差，难以准确反映发送者想法；其三，无法直观了解到所写内容是否被接收者阅读与接受吸收。

◎ **案例：**某公司向位于某地子公司维修现场发送一个配件，安排外派售后服务工程师张某接洽此事。按规定，张某应根据先传真后发货流程处理，以保证具体配件规格型号的准确性，避免发生因规格不当导致维修延误。张某声称自己对于此项业务非常熟练，可直接通过电话口头说明规格型号，不仅可以节省传真费用，而且可以节省时间。售后服务部未能说服张某，按张某口述的型号为现场发去了配件。收到配件后，维修人员发现型号不匹配，需要重新发送，不仅增加了运输费用，也造成了生产现场进度的延误。

事后，张某对于自己报错型号的问题拒不承认，声称自己第一次所说的型号就是正确型号，但售后服务部的人员则坚持张某第一次报送的型号是错误型号，双方因此无法达成一致。由于没有直接证据证明两人谁说的是真，谁说的是假，无法明确责任方。根据公司规定，对于发送配件应该有明确的书面文字说明，二人均忽略该程序规定，为公司与现场造成了损失，故对二人分别进行了处罚。从这个案例中可以看出书面沟通在日常管理工作中的重要性和必要性。

2.1.3　身体语言沟通

身体语言的沟通即在沟通过程中通过身体的固有特征或身体的某些动作来传递交流信息。它既包括手势、面部表情、眼神、头及四肢等身体动作，也包括个人的体形、姿势、气味、高度、体重、头发颜色及肤色等身体特点，同时还包括用于个人装饰的服装、饰品及化妆等。

概括起来，身体语言具有以下一些特点：一是身体语言是利用身体动作或姿势来传递信息的一种非语言沟通手段。二是在一个民族或一种文化里，用什么样的身体语言来表达什么意思是约定俗成的，违反了规则，就会引起误解。三是身体语言可以是有意识的，也可以是无意识的。比如一个人走路的姿势大多是无意识的，但却能传递某种信息。四是身体语言是以生理肌肉活动为基础的身体动作或动作停顿下来形成的姿势。五是身体语言可以用来代替语言，同时也可以为语言相互补充或强调语言传递的信息。六是身体语言可以是天生的，也可以是后天养成的。在沟通过程中，常用的身体语言主要有肢体语言、面部表情、体态语言以及着装打扮等。

肢体语言是指，通过头、肩、手或腿等做出动作，来表达某种含义。通过对动作的分析，可以判断出人的想法与意图。

2.1.3.1　手部语言

手部动作是最灵活的肢体语言之一，运用起来更加自如，因此手部语言也就成了肢体语言中最核心的部分。手势可以是各民族通用的，如伸出大拇指表示“棒”；手势也可能因文化不同而异，如右手握拳伸出拇指向右肩后晃动，在英国与美国表示“搭便车”，但在澳大利亚和新西兰，这一动作往往会被看作轻浮之举。手部语言举例如下：

（1）手掌

一般认为敞开手掌象征着真挚、诚恳。想要知道一个人说话的真实性，可以根据他在讲话时手掌的小动作来判断。例如，小孩子和成年人说谎的时候都会将手掌藏起来，小孩子会选择藏在背后，成年人会选择藏在口袋或者双臂交叉藏于臂弯内。常见的手掌语言有两种：掌心向上和掌心向下。双手掌心向上，给人以舒适感，表示真诚坦率；双手掌心向下，给人以压迫感，表示威胁控制。

（2）手指

如果一个人将双手插在上衣或裤子口袋里，伸出两拇指，则显得高傲；而将双臂交叉于胸前、双拇指向上翘，既显示防卫敌对情绪，又有很强的优越感，这种人让人难以接近。如果在谈话中将拇指指向别人，则含有嘲弄和藐视的意思。若伸出食指，其余的指头紧握、指向别人，表示不满对方的所作所为而教训对方，带有威胁性。如果将双手手指架成耸立的塔形，表示有发号命令和发表意见的欲望；若呈水平的尖塔形，则表示愿意听取意见。

（3）背手

那些习惯将双手背在身后的人都是有地位的人，这种肢体动作可以体现出优越感与自信心。同时，这种肢体动作也表现出自己的胆量，给人以镇静作用。当学生在背诵时，也可以尝试双手背后，用一只手握住另一只手，从而缓解紧张和焦虑的情绪。但若是用一只手握住另一只手的手腕或手臂，此时表示的则是一种不安和紧张的情绪，并处于自我控制阶段。

（4）搓手背

天冷时搓手背是通过摩擦生热来取暖，但在日常生活中，搓手背被赋予了其他的含义，代表着一种急切的心情，对即将发生的事情跃跃欲试。比赛的人在赛前搓手背，表示充满信心，期待胜利；在餐厅吃饭，服务员在服务过程中搓搓手背，表示期待得到肯定，在国外也表示对小费的期待。

（5）双手搂头

双手搂头这一行为通常传达给人们的是一种高傲的姿态，充满对权势地位的暗示、对事物的志在必得、充满信心。但若只是双手支撑着脑袋或是双手握拳支撑在太阳穴部位，双眼凝视，这种动作不会给人们带来不适感，只是一种有助于思考的手势。

（6）握手

握手是一种常见的见面礼仪，但也有很深的学问，握手的姿势、力度、时长等，都会传达出不同的信息。

2.1.3.2 头部语言

人们通常也会通过头部动作来传递信息，而且头部动作所表达的含义十分细腻，需根据头部动作的程度并结合具体的条件以及头部动作传递的信息进行判断。

（1）点头

点头这一动作十分常见，但在不同场合所表达出的含义有所不同。双方沟通交流时，点头表示同意、赞成、肯定、理解的意思；和陌生人初次见面或活动现场，点头表示礼貌的问候；同时有一些情况下的点头也可能是沟通双方提前约定好的交流方式。

（2）摇头

摇头这一动作一般情况下表示拒绝、否定的意思。但在一些特殊情境下，例如会议的发言过程中，轻微地摇头会给人以“阻止”的暗示，示意不应该再继续谈论这一话题。此外，头朝对方略微侧转表示注意，单手或双手抱头表示沉思、沮丧或懊恼。

2.1.3.3 腿部语言

1）坐着时，若是架腿而坐，则暗示拒绝并有自我保护的意味；若是不断变换坐姿，则暗示心绪不宁、情绪不稳；若是无意识地抖腿或踮脚，则是为了摆脱不安与紧张感；

2）站立时，双手和双腿自然张开，脚尖指向对方，是友好与开放的交谈；若双腿交叉则给人以紧迫感，意味着自我防御；

3）讨论时，小腿放在另一条腿的大腿上会被人认为充满竞争性，想要辩论；女性双臂交叉会让人感到不敢接近，给人以心情不好或生气的感觉。

2.1.3.4 脚部语言

尽管脚部动作很难被发现，但能更直接地反映出当时的心态。摇摆腿可表达心情愉悦，也可表达焦虑不安，跺脚则是激动或生气；轻快的步伐表示心情愉悦；步伐沉重，意味着疲惫，精神紧张；双腿僵直，表示紧张和焦虑；脚趾点地指的是放松或无束缚，在坐姿中，前后摇晃脚尖表示轻松或悠闲。

2.1.3.5 面部表情

面部的表情是一种很好的交流工具，人的眼睛、眉毛、嘴巴等都可以很好地传达特定的情感，思想和目标。人的面孔能够表达愤怒、喜悦、恐惧、悲伤、幸福、惊讶、关心、担忧、窘迫、不屑一顾等。实际上，人们可能有二十五万种以上的面部表情，但是我们能够进行描述的面部表情却很少见。面部表达能传达多种情感，并且可以很容易地掩饰情绪。在一些社会文化中，人们学会了不能随意地表现自己的情绪，也不能掩饰自己受到的伤害。因此，尽管人们常常使用脸部表情，他们的情绪却很难被理解。理解面部表情是一项非常复杂的工作，面部经常迅速显示多种情绪。

提高一个人对面部表情的解读能力的最好方式是观看人们说话时面部表情的无声录像。观看眉毛的扬起或紧皱、瞳孔的变化、鼻子的张合、嘴唇的绷紧与放松、牙齿合上或紧咬等变化，揣摩其中的含义，例如，瞳孔放大可能意味着听者对你正在讲的内容感兴趣，瞳孔缩小说明他或许不喜欢你所说的内容。常用的面部表情语言包括眼睛、嘴巴、眉毛等的动作。

（1）眼睛

眼睛是心灵的窗户，它能够传神地表达出一个人的内心感受，具有很强的交流功能和感染力。在各个器官中，眼睛一直是神秘力量的源泉，中国绘画艺术中所讲究的“画龙点睛”，正是体现了“目为神”的思想。研究显示，人的眼睛拥有很多特殊的沟通能力，通过目光或目光能够洞察人心。它的传播功能和职能大概如下。

1）集中作用。一个人的目光，可以看出他对这个人的关注和兴趣。通常，瞳孔的尺寸可以准确地反映一个人对别人的兴趣水平。比如，如果有强烈的爱好，那么眼睛就会扩大，而当兴趣减少时瞳孔就会收缩。

2）劝说作用。眼神是一种很有说服力的交流方式。如果要让别人感受到真心，那么在沟通中就要和被说服的人有目光交流，而且要防止他的可信性降低或明显降低，同时不能频繁低头或把目光从被说服的人身上移开。过度的眨眼和明显的眼皮颤动都会引起别人的怀疑。

3）亲和作用。目光在建立、维持以及终止人际关系中起着非常关键的作用。比如，凝望表示你和对方有很大的关系，并且允许对方了解你的情况。在此之前必须指出，它与其他非语言沟通相比，眼神接触对人类的发展具有更大的影响。

4）提示作用。有充分的证据表明，眼神配合手势可以更好地进行暗示。

5）表达情感功能。眼神和脸部表情是沟通的媒介。要想了解一个人是否表示积极或消极情绪，我们可以从眼睛的瞳孔来加以判断。当你所表达的是肯定的情感，如高兴或幸福时，瞳孔就会增大；相反，当你表达的是否定的情感，如悲伤或痛苦时，瞳孔则会缩小。即人们常把自己的情感表露于面色上，把情感的温度显现在目光中。所以，想要理解他人情绪的人们，就可以通过他人的脸和眼神来作出决定。

6）表示地位与能力功能。一个人的眼神既可以反映他的地位高低，也能反映出他的领导力。一份对某军校警官的目光举止的有趣研究显示出，级别不同的警官待人接物态度有所不同，级别低的警官往往比级别高的警官更谦逊，同时也证实那些看上去行动谨小慎微的学员大多数只担任级别较低的领导职务。实际上，掌握实权的人，往往都很有眼力。这类人通常会用强烈的眼神掌控下属的情绪。反之，那种回避和低头不敢对视的目光一般被看作软弱屈从的标志。通常，这类人不具领导才能或领导能力不强。

（2）嘴

嘴的动作可以从各个角度映射出人的内在心理。嘴的表情是通过口型变化来体现的：轻蔑时嘴巴一撇；惊悟时张口结舌；忍耐时紧咬下唇；微笑时嘴角上翘；生气时嘴唇颤动等。当然，嘴还可和身体的其他部位配合以表达不同的含义。

（3）眉

在沟通中，眉也起着很大作用：在别人表达出自己的好奇或者疑惑的同时，眉毛会上挑；在别人对某件事表示赞同、兴奋、激动时，眉毛会快速抖动；在恐惧或惊慌情绪下，眉毛会上扬；而在愤怒、不满或生气时，眉毛会竖起；在窘迫、厌恶和沉思的时候，往往会皱眉。

（4）微笑

微笑能给人一种容易接近和乐于交流的印象。一个擅长社交的人，首先要做的就是保持微笑。友好、真诚的微笑可以传达很多讯息。微笑能够使沟通在一个轻松的氛围中展开，消除由于陌生和紧张而产生的隔阂。同时，微笑也是自信的表现，表明你想要用好的交流来达成既定的目的。

姿态是指人们身体语言不断变化所呈现的状态，如坐姿、站姿、身体接触等。姿态在传达自信心和权力大小方面是至关重要的。不同的姿态传递不同的信息，人们内心活动的变化会以姿态语言有意无意地流露出来。从一定意义上说，姿态是人们心理活动的晴雨表。有研究者认为，至少有 1 000 种不同的姿态语言。至于这些姿态语言传递的究竟是哪一种信息，还要视具体的语境而定。

人的姿态常常能“说”出很多话来，表达出种种不同的信息。通常来说，不管是站立或坐下，在人放松时，都会有轻松的感觉；而人一旦不自在、紧张、害怕时，就会全身紧绷，手脚并拢。一个人是直挺挺地站着，还是斜靠着门站着；是端端正正地坐着，还是随随便便，跷着二郎腿、交叉着腿或并排着腿坐着等等，这些都能传递一定的信息。概括而言，姿态语言主要传递了以下四种信息：

1）态度信息。姿态不但有助于传递或加强语言表达的信息，也可以形象地反映讯息使用者对待别人的方式；

2）心理信息。姿态可以有效地为个人的心理状况做出准确的判断。这不仅显示了一个人的信心，同时将人们消极的心理状态暴露无遗；

3）情绪信息。姿态能够反映人们情绪的变化；

4）相关信息。姿态可以透露很多与之有关的资讯，如个人喜好、权力地位以及心态变化等。

显然，在交际中，如果缺乏对姿态的理解，很可能会导致交际中的误会，从而引发不必要的矛盾。

2.1.3.6　着装打扮

在当今社会，穿着已经远远超出了最基础的“遮羞避寒”，它的主要作用是把自己的个性传达给他人。服装、饰物及化妆在交流中扮演着举足轻重的角色。

（1）服装

服装的颜色、款式和风格等都具有很强的传播力，它既可以体现个人的社会地位、身份和职业特征，又可以体现个人的精神特征和个性。服装能够透露人的感情信息，往往是你怎么想就怎么打扮，而服装的样式会对你的感受产生一定的影响。

大体上，服装可以分成制服、职业装和休闲装几类。制服是一种最具专业性的服饰，代表了穿戴者隶属某个机构或组织。常见的制服是军装，它会反映出穿着者在部队里的位置和别人的联系。职业装是企业单位为职工提供的服装，它是企业形象识别体系的重要内容。如公司为员工提供的职业装，校方为教师提供的职业装等。休闲装是工作之余的穿着，这种服装的选择是由每个人来决定的，因此休闲装可以体现出一个人的性格。

服装的色彩也是很重要的。在西方，葬礼用的是黑色，而白色则是婚礼用的服装颜色；但东方的葬礼上多以白色为主，婚礼则是以红色为主。在古代欧洲，紫色一般是权力的象征，而在古代中国，黄色则是一种不容侵犯的颜色，是权力的象征。皇帝的龙袍是黄色的，唐朝以后甚至规定非天子不得穿黄袍，不过紫色在古代中国也代表权贵。在正式的工作场合，黑色和白色是最好的选择，其次是灰色、褐色系列。

（2）饰物

饰品是一个人整体装扮的关键，适当的饰物好似画龙点睛，可以让你的形象更加突出、丰满。佩戴饰物有三点要求：一是要与服装和谐，二是与人和谐，三是与环境和谐。在正式场合下，不要询问对方所佩饰物的新旧、价格及购自何方，也不能用手去触摸更不能动手去触碰对方的饰物，因为那样会使对方感到不悦。男士在室内都不得戴帽子和手套。女士的手套、帽子、披肩等，作为服装的一部分，则可在室内穿戴。在他人办公室或房间内，请勿随意放置自己的衣物，经主人同意后，方可根据指示放置。领带和领结被称为西装的精髓。在出席官方活动时，可配以黑色或白色领结。在运动和休闲的场合，蝴蝶结是比较流行的，但打上蝴蝶结参加社交活动给人感觉就不太严肃了。

男士的腰带分为工作和休闲两大类。工作时宜选用黑褐色的皮具，而与便装搭配的腰带，只要好看就行。腰带的颜色和样式不能过于显眼。女士的腰带应与衣服搭配，还要注意体形问题，如果腰肢纤细，系上一条宽腰带楚楚动人，如腰身过粗，可以用一条精致的环扣腰带，使目光聚焦在腰带上。

纽扣对衣服有很大的影响。女士服装的纽扣款式多种多样，而男士的纽扣则不宜追求时尚。西装上衣为两排扣的，穿着时务必将纽扣全部系好。如果是单排扣的，还有两粒与三粒纽扣之分。前者应系下面那一粒纽扣，后者应系中间那一粒纽扣。

选择合适的眼镜，可以让人看上去文静端庄。方脸的人要选框架大、线条粗镜框，圆脸的人宜选方形的镜框，而满圆型脸最适合选框型宽阔的镜框。在室内不要戴黑色或其他颜色的眼镜，如遇眼疾不得已而为之，应向主人说明缘由。女士的手提包应套在手上，而不是用手拿着，手包大小应与体型相适应。男士在公务活动中携带的公文包应以黑色、棕色的皮革制品为佳。女士的钱包可以随手携带，也可以放在手袋中。男士的皮夹只能放在西装内侧口袋里。

（3）化妆

妆容就像服装一样，是肌肤的一部分。化妆是为了重塑脸部的焦距，也是一种肢体语言，一位女士精心装扮，不仅可以让自己看起来更漂亮，还可以“告诉”你：一是，我肯把自己的时间用来装扮，所以我的社会地位并不低；二是，我的化妆品是贵重的，这反映了我的财富。我与其他同样精心化妆的人是特别的群体，与你们不同。

2.1.4　副语言沟通

副语言是指发出的有声但无固定语义的辅助语言，例如音质、音调、讲话的速度、停顿、叹息的声音等。副语言虽然有声音，但却是非语言的。所谓副语言沟通就是通过人的音质、音量、语速、语调等非文字的形式所进行的信息传递与交流，比如各种笑声、叹息、呻吟和尖叫。哈哈大笑、爽朗地笑、傻笑、苦笑、冷笑、假笑、讨好地笑、无奈地笑，所有这些都等同于谈话，有时甚至比谈话效果更好。

2.1.4.1 重音

汉语的重音是指在说话时有意强调特定词汇的声调。强调重读是在不同的语言环境中，由于人们对语言表达的需要而产生的特殊现象，也是在交际言语中对汉语重音的超常规运用。例如："那是我的书。"这一句子被用于语言交流环境中，当重读"那"，所表达的意义是"书所放置的位置"，当重读"我"所表达的主要意义是"书的所属性"，当重读"书"的时候则表达"书的本质，而非其他物品"。

2.1.4.2 停顿

停顿是指说话时话语的间断停歇，分为常规的停顿及超常的停顿，超常停顿的恰当应用能够起到非同寻常的艺术效果。在言语交际中，停顿既是一种语言标志，也是一种修辞手段。同样的一句话，停顿的地方不同表达的意义也就会完全不一样。大家熟悉的"下雨天留客，天留我不留"的故事，它就说明了停顿这种副语言在语言表达中的重要作用。

虽然停顿是无声语言，但它同样能够表达一定的思想内容。比如在人际交往中，一个人用断续的方式表达出一段话，传达出的意味可能就变了，说话者或者是想表达出一种正在思考、暂时无法决定的意思，或者是想表达出一种与沟通者意图相反，不愿意按照他人意愿去做某件事情的意思。

有时候停顿在特定的语言环境中所表达的思想内容是有声言语无法表达的。

2.1.4.3 语速

20 世纪的口才大师、诺贝尔文学奖获得者、英国首相丘吉尔，在首次发表演讲时，就对口语的技巧问题进行了剖析和证明。他认为：口语表达艺术包括四个方面，首要的是口语的节奏。

语速就是说话的语流速度，即单位时间里说多少个字词。语速分为快速、中速、慢速三种。一般情况下，在平静的语境中，通常使用中速说话。

◎ **案例：**周恩来总理在一次新闻发布会上向外国媒体介绍我国经济发展和外交政策，回答了一位西方媒体记者的问题："请问中国人民银行有多少资金？"这个问题话里有话，但周总理从容自然又幽默地说："中国人民银行的货币资金有 18 元 8 角 8 分。"说到这里总理故意顿了顿，此时全场愕然，鸦雀无声，总理环视四周后说："中国人民银行的货币面值为：10 元、5 元、2 元、1 元、5 角、2 角、1 角、5 分、2 分、1 分的 10 种不同的主辅币，即 18 元 8 角 8 分。中国人民银行是中国人民当家作主的金融机构，有全国人民做后盾，有举足轻重的信誉和强大的力量，其发行的货币在国际上有很高的声誉。"总理话音未落全场响起了热烈的掌声。这位记者要数字，周总理给了一个数字，然后巧妙地运用较长的停顿制造悬念，配合环视全场的动作，让听众在短暂的时间进行联想，又使听众聚焦于总理下面的解释，然后恍然大悟，大家都为总理的聪明才智鼓掌，这个语段所表达的思想内容是任何言语都不能形容出的，这就是巧用停顿产生的奇妙效果。

2.1.5　环境语言

沟通与环境是密不可分的。环境既是沟通的必要条件，又是沟通的重要工具，利用环境语言同样能够表情达意和传递交流有关信息。这种通过环境语言所进行的信息传递和交流就是环境语言沟通。即通过环境因素所进行的信息传递与交流。它不仅包括自然环境，如建筑设计、办公场所、房间布置、家具摆设、色彩搭配、光线、噪声等，还包括空间环境，如空间布置、空间距离等，同时还包括时间环境，如准时、迟到或早到、让别人等候等。

2.1.5.1 空间距离

（1）空间距离表达了领地意识

围墙、门以及其他作为闭断和边界标志的东西，把某人的领地与别人的领地分割开来。领地边界代表了安全和隐私，保护个人不受他人的侵犯。对人们而言，拥有一种“家”的感觉似乎相当重要，因为家是熟悉的、可预期的和属于自己的。英国的一项研究表明，那些拥有自己院子的家庭比那些与人共享公共院子的家庭更友善。空间距离正是表达了这样一种领地意识，它反映了人们对个人安全保护的要求。

（2）空间距离反映了亲密程度

观察人们与他人之间保持的距离，可以看出谁是亲密的朋友，谁是比较正式的朋友。当你走入总经理的办公室，他仍然在自己的座位上，可以预料到你们的谈话将是正式的；若他请你在房间一角舒适的椅子上与他并肩而坐，这就表示他力图营造一种亲切的对话氛围，这就是不拘束的非正式沟通。

（3）空间距离代表了人的身份

在一个组织中，空间距离能够显示个人的地位高低和权力大小。其主要表现为：一是一个人的身份地位越高，拥有的空间就会越多，环境也会越好，公司高层管理人员往往拥有大而明亮的办公室。二是一个人的级别越高，受到的保护就会越好，如有较高身份地位的人，通常都有秘书或助理以资差遣，他们的工作是保护老板的时间，并过滤老板不想见的人。三是一个人的地位越高，就越容易进入较低地位的员工的领域。如经理可以随意地走进下属的办公室，即使下属办公室的门是关着的，但是下属对经理却不能如此行事。

2.1.5.2　环境布置

环境布置不仅影响人的工作效率和效果，而且也反映出许多信息。在经营中，空间布局的着眼点主要集中在办公室设计、室内颜色搭配及办公室布置等方面。

（1）办公室设计

办公室设计主要有两种模式，即传统式与开放式。传统式办公室设计的特点是：四周设有若干办公室，中间设有大厅。周围大型办公场所供老板使用；有两个窗口的办公室属于资深主管；而拐角处两面墙都带有窗户的办公室，通常是高级主管或合伙人的办公场所；建筑物内侧的办公室是资历较强的主管的，它没有窗户，只有一扇门，所以这里还是一个可以称为自己小天地的地方；中间大厅是属于低层职员和临时工的地方，在这里你的桌子就好像放在走道里，没有隐私可言，很难在这里破口大骂或发牢骚，因为你被置于众目睽睽之下。近年来，大多数企业都喜欢这种开放办公模式。

20 世纪 90 年代，半数以上的美国公司都采用开放式的、大部分空间为员工而非经理所用的办公室。开放式办公室的拥护者声称，开放式办公室有助于建立民主的氛围，增进同事之间的交流。还有一些调查显示，开放式的办公环境可以提高工作效率。

（2）房间颜色搭配

调查结果表明，色彩影响着企业员工和客户的情绪。颜色是可以看见和感受的。红色、橙色、黄色会产生攻击性刺激反应，人们所处房间的地板、墙壁、天花板和家具如果是鲜艳的色彩，会使人血压升高，心跳加速，脑部活跃度提高。清凉的色彩使人体脏腑正常活动，例如，绿色能起到镇静作用，而浅绿色能给人带来安宁祥和的感觉。

（3）办公室陈设

办公室内陈设的摆放能够影响人们在此停留的时间。另外，办公桌的尺寸、外形也能影响来访者对主人的印象，而且能影响办公室公开沟通的程度如何。

2.2 沟通的组织形式

2.2.1 沟通组织形式的体现及基本概念

沟通的组织形式一般有正式沟通和非正式沟通两种。所谓正式沟通，指的是组织结构所规定的路线和程序进行的信息传递与交流，如组织间的公函来往、组织内部的文件传达、汇报、例会等。正式沟通的优点是有良好的沟通效率，有较强的约束作用，可保证内部工作具有权威。重要的信息和文件、组织的决策等一律都采用正式沟通的渠道传递。其缺点是信息层层传递，沟通速度慢、缺乏灵活性。非正式沟通指的是通过非正常途径所进行的信息传递与交流，如员工之间的私下交谈、朋友聚会时的谈论的八卦等。非正式沟通的优势在于：它可以容易和快速地进行交流，能够提供一些正式沟通中难以获取的“内幕新闻”。它的弊端在于：沟通难以把控，传递消息不准确，易被扭曲，甚至可能导致小集团、小圈子的产生，不利于团队的团结。

所谓沟通渠道，就是信息在传递与交流过程中通过的路径。当人们为解决某个问题或为了协调人际关系而进行交流时，必然要有合适的交流通道。沟通渠道的不同，会影响沟通的效率和效果。通常，根据沟通渠道的本质，可以把沟通渠道分为正式和非正式渠道。

2.2.2 正式沟通渠道

正式沟通渠道就是指根据组织结构规定的路线和程序，由组织内部的规章制度明确规定进行的信息传递与交流的渠道。比如组织间的信件来往，组织内部的文件传递、召开会议、上下级之间的信息交流，官方发布的法令、规章、公告等，都是通过正式渠道进行的。这种正式渠道通常包括链式、轮式、环式、全通道式和 Y 式，如图 2-1 所示。

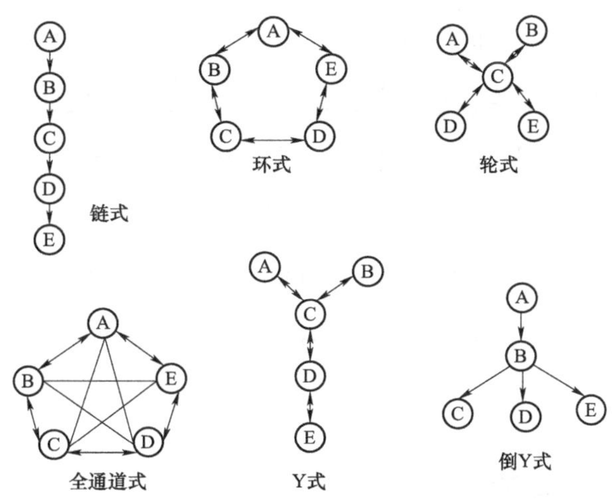

图 2-1　正式沟通渠道结构图

2.2.2.1　链式沟通渠道

链式沟通渠道，就是指一个组织内部的上下级之间传递消息的方式。它具有信息传递的高速性和解决简单问题的高效性。它的不足之处在于：① 信息经过层层过滤，容易出现扭曲现象，使上级无法直接掌握下级的真实情况，下级也无法直接理解上级的真实意图；② 不同层级的传递者接收的信息存在较大的差别，且总体满意程度存在很大的差别；③ 处于最低层次的沟通者只能进行上行沟通，所接收的信息扭曲较大，易造成心理上的紧张和不满；④ 每个成员的沟通范围小，沟通的内容分散，很难达成群体共识，最低层次的沟通者与最高层次的沟通者难以通气，不利于培养群体凝聚力。如果一个组织系统规模太大，必须进行分级授权管理，链式沟通不失为一种行之有效的方法。

2.2.2.2 轮式沟通渠道

按轮式沟通渠道沟通，就是将信息传递给中介来进行，其他人只能和中介联系。中介是各种信息汇集点与传递的枢纽，具有总领导、支配与协调功能。其优点是权力高度集中；沟通速度快；解决问题精确度高；处于中心地位的领导（即中间人）掌握的信息多，能够汇总全面情况并快速把自己的观点传递给其他人。其缺点是沟通渠道少；缺乏横向交流，成员之间互相通气，平行沟通不足、不利于提高士气；下属经常消极地接收和传达信息，较少承担责任，很难充分调动下属的积极性。利用这种沟通渠道是加强组织控制以及争时间、抢速度的一个有效方法。当一组织接受了紧急攻坚任务，或需要进行严密的监控时，这种沟通渠道是最好的选择。

2.2.2.3 环式沟通渠道

环式沟通渠道可以看作是一个封闭式的约束，在这种约束下，所有人都能在同一时间与双方进行交流。它的优势在于：组织内存在浓厚的民主化氛围，全体成员都具有一定的满意度。它的不足之处在于：组织的集中化程度和领导人的预见性差，沟通速度缓慢，信息分散、往往难以形成自我。如果需要在组织中建立起一种高昂的士气来实现组织目标，运用环式沟通渠道是一种行之有效的手段。通常组织中的决策机构、咨询机构、研发机构以及小规模工作群体适宜采用环式沟通渠道。

2.2.2.4 全通道式沟通渠道

全通道式沟通渠道是指成员之间可以自由、积极地交流信息，通过协商进行决策的开放式的系统。它的优势在于：① 沟通渠道高度离散，组织内每一个成员都能同其他成员进行直接沟通；② 所有成员平等，人们可以更多地表达自己的观点，并就问题提出解决建议；③ 沟通者之间的开放性，组织成员平均满足程度高于其他组织；④ 组织内士气高昂，具有较强的团队协作能力，可最大程度激发组织成员的创造力与创新性。它的弊端有：① 沟通渠道多，易引起混淆；② 不适用大型组织，在一个较大的企业组织中，各成员之间都有面对面接触的机会；③ 沟通路线的数目会影响信息的接收和传出的能力；④ 信息传递耗费时间、影响效率。这种沟通模式通常适用于民主化高度协作的团体、委员会等。

2.2.2.5　Y 式沟通渠道

Y 式沟通渠道，是指在一个组织系统中，从高层领导到中层机构，再到基层部门，最后到基层工作单位的纵向沟通系统，其优点是具有高度的集中性和组织性，能快速传达和处理问题。其缺点是信息经过层层筛选，使上级较难了解下级的真实状况，信息被过多的中介因素所制约，会导致信息扭曲，从而给工作带来不利的效果。Y 式沟通渠道通常适用于那些规模较大而管理水平不高的组织。

2.2.3　非正式沟通渠道

正式沟通渠道是沟通渠道的主体，在一个组织中，大量信息是通过正式沟通进行传递和交流的。但在正式沟通渠道以外，还有一些非正式的渠道。一般来说，非正式沟通渠道的主要形式有单串型、绕舌型、概率型和密集型，如图 2-2 所示。图 2-2（a）为单串型：即由一组人进行信息传送，并以直线形式进行。图 2-2（b）为饶舌型：即信息通过一个关键人物向其他所有人进行传播。图 2-2（c）为概率型：即信息由一个人按偶然的机会传递给其他人，然后又从其他人那里转移到另一个人，没有固定的任务，随机性较强。图 2-2（d）为密集型：即在沟通过程中可能有几个中心人物有选择地把信息传递给其他人。

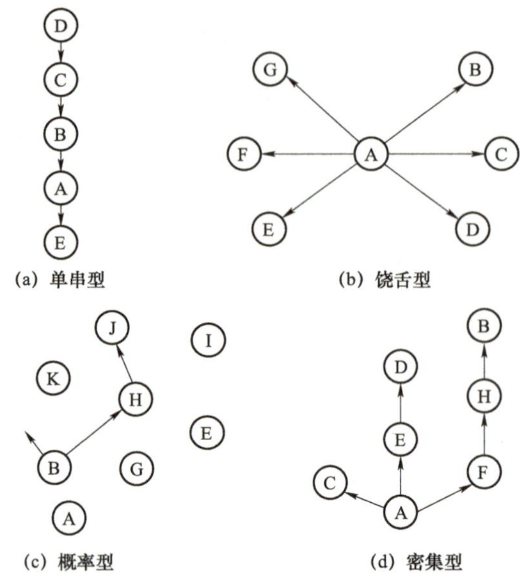

图 2-2 非正式沟通渠道的主要形式

管理学家们相信，不管建立什么样的交流系统，都会存在一些非正式的沟通渠道。因此，为使企业的经营管理目标得以实现，管理者应该像利用正式沟通渠道那样利用非正式沟通渠道，不仅要正视它的存在，而且要合理地运用它，用其所长，避其所短，让其为达到组织目标服务。

但是也必须看到，这种非正式的交流，往往是通过口头形式进行的，没有任何证明，也没有任何责任，且传播迅速，一旦发生之后，很难加以控制，因此常被某些居心不良的人利用，如故意捏造一些无中生有的消息来破坏领导的威信，破坏集体的团结或瓦解组织的士气，等等。因此，管理者必须对非正式沟通加以引导，对好的传闻应善于利用，对恶意的传闻应妥善处理，既要有充分运用正式沟通，尽量减少非正式沟通，又要注重建立良好的人际关系，充分发挥合作能力，形成高度的凝聚力，防止流言滋生。

2.2.3.1 非正式组织的特点

所谓非正式组织，是指那种相对于正式组织而言的，不是由组织正式组建，而是因共同的兴趣和爱好自发形成的群体，如酒友、棋友、舞友、球友等。它是由于兴趣相同或爱好相近，利益接近或观点一致，以及彼此需要等原因把人们联结在一起，并且依靠心理、情感的力量来维持。非正式组织对正式组织既具有积极的作用，也具有消极的作用。研究非正式组织的目的，在于对非正式组织进行正确引导，发挥其正面功能，遏制其负面影响，防止其产生破坏性影响。

非正式组织与正式组织相比更加“自然”，它的特征如下。

1）非正式组织是自发形成的。它不是由组织正式组建，而是自然或自发形成的。一般来说，非正式组织没有章程，没有确定的权利和义务。

2）非正式组织靠爱好和情感来维系。就非正式组织而言，维系群体存在的主要力量不是来自外部，而在于其兴趣相同或爱好相近、心理上和情感上的需求等。

3）非正式组织的领导人更具有魅力。非正式组织一般都有自己的“领袖”人物。这些“领袖”人物不是由组织任命的，他们会自然而然地被塑造出来，也可能是被“领袖”本身的影响力“吸引”并将成员拉拢到自己身边，或者是群体成长的过程中，自然拥戴出“领袖”人物。因此，非正式组织的“领袖”常常比正式组织的领导者更具权威性，对成员的影响更大。

4）非正式组织有自身的团体准则（群体规范）。非正式组织通常都有自己的群体规范。在此基础上，该规范从成员的共同利益、共同需要、共同兴趣和共同爱好出发，来规范非正式组织成员的行为、协调非正式组织内部的关系。虽然它是不成文的、无形的，但对非正式组织成员却具有很强的约束力。

5）非正式组织的凝聚力较强，因为成员兴趣相同或爱好一致、利益相近、观点相同以及成员彼此需要等因素，所以通常来说有较强的凝聚力，容易出现“抱团”现象，并且有自卫性和排他性。

6）非正式组织的内部信息传递畅通。非正式组织具有明显的情感特征，情感是衡量的标准，因此，非正式组织的内部信息传递更为清晰、快速。

非正式组织按形成的原因划分为以下几种类型。

1）利益型。由于成员有共同的兴趣，所以凝聚力强、组织作用明显。

2）信仰型。因为成员有共同的信仰和价值观，因此具有很高的凝聚力，但因为是一种观念的融合，除了信仰、价值观有关的问题外，组织作用还不够突出。

3）目的型。因其成员为了实现它所规定的目标而成立，目标一旦达成，也就可能瓦解。

4）需要互补型。因其成员在某些方面例如品质，虽不相同但可以相互补充而构成。这样的非正式组织更加宽松。

5）压力组合型。当外力消失或改变时，组织本身也会随之改变。

6）家族亲朋型。因其成员是由家庭亲朋组成，具有很强的凝聚力，内部相互帮助和对外自卫功能是显著的。

7）娱乐型。因兴趣、爱好相同而形成组织作用也不显著。

按非正式组织的群体作用性质划分为以下几种类型。

1）积极型。对组织目标、正式组织的建设及成员的发展都有正面的影响。

2）消极型。对组织目标、正式组织的建设及成员的发展都产生了负面的作用。

3）中间型。对组织目标及正式组织的建设都没有显著的正面或负面影响。

4）破坏型。对组织目标及正式组织的建设有明显的破坏、干扰作用。

这里需要指出两点。一是非正式组织的群体角色属性并非一成不变，而是可以发生转化的。比如，一个具有正面影响的非正式组织，如果未能进行正确的指导，或对其持错误的看法，其作用可能会转化为消极或破坏性的影响，同样，起消极作用的非正式组织，经过适当的引导，也可能转变为起积极作用的非正式组织。二是非正式组织的角色通常并非完全正面或负面，比如在非正式组织对正式组织的某些方面是不利的，而在其他部分则会产生正面影响。

2.2.3.2　非正式组织的积极作用

非正式组织有可能帮助正式组织完成大量的工作，可以作为补丁来弥补正式组织的缺陷和不足；对正式组织成员具有一定的社会性和心理性满足，有助于维持良好的工作氛围，促进正面的资讯交流。具体来说，非正式组织的积极作用主要表现在以下方面。

1）能够解决人的情绪需要。可以说，非正式沟通是人类与生俱来的要求。比如，为了安全起见，他们乐于打听或散布关于人员变动或体制变化的信息，而朋友间的交往和交流，往往使他们互相关怀，加深友情，从而得到更多的利益。

2）可以弥补正式沟通的不足。任何一个组织机构，无论其政策与规章制度定得如何严密，总难免万无一失，而非正式组织则可与正式组织相辅相成，弥补正式组织的不足。尤其是在做后进转化工作上，因为非正式组织本身的特点，特别是其“领袖人物”的影响力，非正式组织在这方面往往能起到正式组织达不到的功效。此外，非正式组织还可使员工在受到挫折或遭遇困难时有一个“排气阀”，即发泄的通道。员工可借此获得安慰与满足。

3）同时了解员工真正的心理倾向与需要。通过非正式渠道进行沟通，员工可以畅所欲言地吐露内心的真实想法，而不会像在正式沟通时那样心存戒备，管理者由此从不同侧面捕捉到职工的真实需求。虽然非正式组织有时也可能传播一些小道消息，产生蛊惑人心、混淆视听的副作用，但某些小道消息也从一个侧面“折射”出某些员工的真实心态和想法。

4）有利于加强沟通和提高工作效率。非正式组织在沟通过程中可以提高沟通的效率，防止某些管理者滥用正式沟通渠道，减少正式沟通中的信息“过滤”现象。

2.2.3.3 非正式组织的消极作用

非正式组织的消极作用往往发生在与正式组织发生冲突的时候。影响主要表现在以下几个方面。

1）目标冲突。非正式组织的利益或目标与正式组织的利益或目标发生冲突时，非正式组织会对正式组织的利益和目标起破坏和干扰作用，会阻碍正式组织目标的实现。

2）抵制变革。为了维护自身既得的利益，非正式组织往往会生成一种力量，刺激其成员产生抵制变革的心理。

3）滋生谣言。在非正式组织中极易牵强附会，以讹传讹将错误的东西相互传开来，令人信以为真。

4）阻碍努力。某成员若在其工作中特别尽力，就必受到非正式组织中其他成员的讥讽，致使人们不敢过多努力。

5）操纵群众。非正式组织中的“领袖”往往可以利用其地位对群体成员施以压力，加以操纵，易形成“小集团”“小圈子”，从而影响人心稳定与团体的凝聚力。尤其是非正式组织的“领袖”人物与正式组织领导者发生冲突时，这种冲突可能源自个人的成见或摩擦，也可能源自工作上的分歧，此时非正式组织对群体成员的作用便容易造成负面影响。

2.2.3.4 对非正式组织的管理

（1）思想上要正确对待非正式组织

对非正式组织的管理要坚持实事求是的原则，既不能放大非正式组织的作用，也不能无视其作用，要敢于正视、承认非正式组织的存在。并把它与“小宗派”“小集团”区分开来。对非正式组织的积极作用要进行鼓励和支持，对其消极作用要进行积极性正向引导，争取把非正式组织的作用引导为与正式组织目标方向一致。

（2）对非正式组织进行目标引导

对于非危害性的非正式组织、领导者不必对其限制过严、事事干预，应该尊重他们的集体性，实行目标管理。如领导者可以根据与非正式组织的关系，给非正式组织分配具体工作任务，为他们不断提供更高层次的目标，并引导他们逐步向更高的目标发展。需要注意的是，引导不是妥协、退让、迁就，引导的目的就是要把非正式组织引导到有利于组织目标的实现、有利于正式组织建设的轨道上来。引导的目的是发挥其积极作用，并将其消极作用转化为积极因素。

（3）对非正式组织进行感情维系

作为领导者应尊重员工，重视员工的个人情感，通过沟通正式组织与非正式组织之间的信息不断消除两者之间的矛盾，使其保持平衡。在制定工作目标和标准时，不能只考虑进度和质量而不顾员工感情，领导者要与员工之间保持平等相待、密切协作、互相尊重的关系。

（4）对非正式组织进行核心控制

非正式组织中往往存在“核心人物”，其对非正式组织的结构、性能和行为方式产生至关重要的影响。影响非正式组织的“核心”是控制非正式组织的关键。因此，领导者应做好“核心人物”的各方面工作，在实现正式组织目标的过程中取得他们的支持，调动他们的积极性，利用他们的影响力、威信和能量来引导非正式组织走到正式组织的轨道上。

2.3　沟通通道的选择

2.3.1　实现方式的选择

沟通方式决定沟通效果，在沟通中应该运用正确的沟通方式解决问题。采取不恰当的沟通方式，往往会事与愿违达不到沟通的目的。

在日常工作、学习和生活中，常常会遇到选择沟通方式的问题：是见面沟通好呢，还是采取电话等形式沟通好呢？无论选择何种沟通方式，关键在于是否适合自己，是否适合沟通对象，是否适合事情本身。

◎ **案例：**纸条沟通

一对夫妻产生了一点矛盾，双方都不高兴，晚上各睡各的，互相不说话，通过纸条传信息。

丈夫在妻子的床头边留了一张纸条，写道："明天早上 7 点叫醒我。"第二天，丈夫一觉醒来已经 8 点了。他气愤地跑去质问妻子，发现妻子早已经出去了。当他回到卧室，发现在他的枕边有一张纸条，写着："7 点了，还不起床。"

2.3.1.1 适合自己的沟通方式

沟通要讲求实际，只有根据自己的层次、能力和条件，才能充分发挥自己的专长，必要时，还要请他人来帮助完成沟通。如果不考虑选择适合自己的沟通方式，在得不到谅解和宽容的情况下，结果会很糟。

2.3.1.2 适合沟通对象的方式

人在一生中接触的人会很多，面对不同的沟通对象，沟通的方式和方法亦不相同。比如与长者沟通，面对面的交流比较适宜，电话沟通次之，假如以信息、QQ 和委托他人等形式沟通就显得不合时宜了，不但有不尊重之嫌，而且会让对方误以为你对其有抵触情绪，从而影响沟通质量。

当与小孩沟通时，不要忽略了他的"纯真"；

当与少年沟通时，不要忽略了他的"冲动"；

当与青年沟通时，不要忽略了他的“自尊”；

当与男人沟通时，不要忽略了他的“面子”；

当与女人沟通时，不要忽略了她的“情绪”；

当与主管沟通时，不要忽略了他的“权威”；

当与老人沟通时，不要忽略了他的“尊严”。

2.3.1.3　适合事情本身的沟通方式

处理不同的事情有不同的沟通方式，应区分轻重缓急。适合见面的，就不能以电话的方式沟通；该亲自去的，就不能委托他人办理；长期的事情，就不能以处理短期事情的方式沟通，欲速则不达。绝不能因为对象的因素、环境的影响、事情的烦琐等原因而简化沟通方式，那样会很容易导致达不到预期目的。

2.3.2　最佳沟通方式的选择

沟通方式的选择方法有以下几种：

1）当你需要宣布消息、分享个人信息时，选择面对面沟通；

2）当你需要比较快速地发布消息或收集信息或者沟通双方不能见面时，选择电话沟通；

3）当你的信息必须使用书面记录又希望快速传递信息时，选择传真沟通；

4）当你的信息没有保密要求，也无需快速反馈，且沟通的群体比较分散时，选择电子邮件沟通；

5）当你需要获得群体的决定和一致性意见时，选择面对面会议沟通；如成员分布在各地时，可以选择视频会、电话会议沟通；

6）当你需要以书面方式来解释情况、讨论问题或收集信息时，可以选择便函沟通或信函沟通。

2.3.3 沟通方式的互补

沟通方式主要有书面语言沟通、口头语言沟通、非语言沟通以及各种方式的结合。尽管前三种方式单独运用也不错，但两种或多种方式结合使用，沟通效果更好。将商业传媒与电子技术相结合（如多媒体、电视会议）进行沟通，是多种沟通方式结合使用的实例。多媒体使我们能更好地利用影像材料。我们在与许多人尤其是与大型组织的员工进行沟通时，多媒体越来越受青睐。

下面就口头语言沟通中其他沟通语言如肢体语言、声音语言、文字语言互补使用来进行说明。

2.3.3.1 口头语言沟通中的肢体语言

口头语言沟通始于肢体语言沟通。“先远观、后近看”就是沟通者先从较远处观察沟通对象的形象与仪态，然后在近处细细地察看沟通对象的表情与行为礼仪。口头语言沟通中肢体语言信息包括形象、仪态、表情、接待礼仪、目光、手势、小动作等。

1）形象：是沟通双方对彼此的第一印象，应该是整洁、得体、大方的，且与场合相适应；

2）仪态：反映了一个人的精气神，应“站如松、行如风、坐如钟”，做到举止得体适宜；

3）表情：发自内心的、自然流露的微笑是信息传递最美的语言；

4）接待礼仪：在待人时，应是热情的友好的，动作是连贯的，如打招呼、握手、递接名片、倒茶、让座等；

5）目光：要保持目光交流，且是友好、坦诚的，切不可眼睛一直盯着对方某个位置；

6）手势：明确、精练、自如，且是一般人能够正确理解的。

根据实际情况，本着“尊重人、方便人”的有礼、有仪的原则正确把握。

2.3.3.2　口头语言沟通中的文字语言

口头语言沟通时所运用的文字承载了沟通的内容信息。在口头语言沟通中，是否了解客户心理需求、是否针对心理需求有效地组织语言文字进行表述、文字表述是否有条理，决定了口头语言沟通的有效性。

2.3.4　不同人际风格的沟通方式

依据一个人在沟通过程中情感流露的情况，以及沟通过程中做决策是优柔寡断还是雷厉风行，可将其分为四种不同的类型，即分析型、和蔼型、表达型和支配型。在工作和生活中，我们会遇见不同类型的人。只有了解不同的人在沟通过程中不同的特点和不同表现，才有可能用合适的方式与其和谐沟通，最终达成一个完美的结果。

（1）分析型

该类型的人在决策的过程中非常不果断，感情流露不多，说话非常啰嗦，即便询问很多细微之处，仍然不作决定。

（2）和蔼型

该类型的人总是微笑着看着你，感情流露很多，说话语速很慢，给人一种和蔼可亲的感觉。

（3）表达型

该类型的人感情外露，做事果断，说话直接，热情幽默，动作沟通方式多，而且比较夸张。在说话的过程中，他往往会借助一些动作来表达他的意思。

（4）支配型

该类型的人感情不外露，但是做事非常果断，喜欢指挥和命令别人。

只有很好地了解不同类型的人的特征，并且采用与他相似的沟通方法，才可能得到一个更好的沟通效果。

2.3.5 沟通的组织形式的选择

一个组织要达到有效管理的目的，对沟通渠道的选择应视不同的情况而定。如果要求速度快，易于控制，且成员具有较大的自主权与责任感，则轮式沟通较好。如果要求团体有高昂的士气，则环式沟通比较理想。如果组织非常庞大，需要分层授权管理，则链式沟通比较有效。同时，关注正式沟通与非正式沟通的共同存在，并利用合适有效的方法将非正式沟通引导至有利于正式沟通的轨道上。总之，应具体情况具体分析，以确定适合的沟通渠道。

第3章
沟通的技巧

沟通在人与人之间的交际非常必要，但是沟通的技巧并不是每个人都能将融入到日常的交往中，只有将沟通技巧融会贯通的人才能有效地与他人沟通，获得优越的沟通效果，从而达到沟通的目的。

要想做到有真正意义上有效的沟通，就一定要确认你在和谁、在哪个地点、什么时间进行沟通，沟通的内容是什么，怎样将沟通进行。清楚明白了这些内容，然后再将学会的沟通技巧运用在交往中，你在沟通的时候一定会更加顺利，沟通结果会更加优秀。

3.1 编码的技巧

3.1.1 说的技巧

人在世上的快乐和忧愁、友情和怨恨，绝大多数都来自于人与人之间交往的话语中，这就是俗语中的“病从口入，祸从口出”。懂得说话技巧的人，其话语让人听了备感舒服；不懂得说话技巧的人，其话语技巧让人听了感到厌恶。要做个懂得说话的人，学会以下的说话技巧是很重要的。

3.1.1.1 根据沟通对象决定说的内容

（1）看对方的性格和性别特征

如果对方的性格是属于外向的，你就可以适当地随便些，开个玩笑，他也会接受；如果对方的性格属于内向或者敏感的，你就可以讲一些适合情景的笑话，让他能够接受理解，最重要的是要让对方觉得你是真诚的，这样就可以在交流中寻找出对方注意的信息、关注的话题，让他认为你是在有诚心地关注他。比如：同样是说一个人胖，男性会不以为意，而女性会感到反感，感觉自己的自尊心被伤害了，这就是男女性别带来的区别。所以，说相同的话对于男性和女性的感受是不同的。言谈时，我们就要关注到这种区别，对于不同性别的人说不同的话。

（2）看对方的身份

正所谓俗话里所说的“秀才遇见兵，有理说不清”，当你和普通的工人和农民摆出一副文化人的样式和他们交谈，这样一定会让对方满头雾水，所说的话就不会被对方理解。要是和有文化、有涵养的人交谈，同样也不能一说话就是江湖气息，容易另人厌恶，更加无法获取他人的信任和好感。

（3）看对方的兴趣爱好

例如，在与有孩子的女性交谈时，可以与其交谈孩子的教育和生活这方面的话题；和公司职工交谈，可以与其交谈经济和环境等方面的话题……不要怕自己说得不够深入，当你展开了话题，他就会和你交谈更多自己的事情。如果你在这基础上又懂得引导，他会向你倾诉更加多。

（4）看对方的年龄特征

老人爱听别人说他年轻，而小孩就不爱听大人总是说他小。中年人爱听别人说他功成名就、家庭幸福，而年轻人就喜欢别人说他有能力、有动力。不同年龄段的人爱听不一样的话题。

当你想要打听交谈对象的年龄，如果对方是小孩，就可以直接询问

“你今年多大了？”而如果对老年人的话则要问：“您今年高寿？”同时我们一般不过问女士的年龄，但是如果非要询问对方的年龄，就要懂得讲究方法和分寸，以不会让对方觉得突兀和不礼貌。

（5）说话的场合

对和自己熟悉的人关起门来说话没有什么不能谈的，甚至可以说些平日不能说的话；而对于不熟悉的人，要怀有戒备心，“逢人且说三分话，未可全抛一片心”。因此，遵循在内在外有所区别的界限谈话，普遍被认为是得体的，跨越这个界限，言谈就不得体了。

1）正式场合与非正式场合

在正式场合与他人说话要稳重用心，说话前要有所准备，不能乱扯瞎说。在非正式场合，说话便可随便点，如在家里一样聊天，这样可以方便情感的交流。有的人说话文绉绉，有的人说话通俗，这就是没有正确把握好正式场合与非正式场合的界限。

2）庄重场合与随意场合

“我专程来看你”体现出很庄重；“我乘隙来看你”体现出比较随意。但是如果你在庄重的场合说“我乘隙来看你”就显得不够稳重、用心，会让与你交谈的人心中产生负面情绪。同样在日常生活中，明明是“趁机来看你”，但却要说是“专门来看你”这就有些小题大作了，使对方增添了心理负担。

3）喜庆场合与悲痛场合

通常情况，说话应考虑场合气氛。在办喜事时，不能说悲伤的话；在悲痛时，不要说好笑的话。

◎ **案例：**鲁迅先生讲过这样一个故事，一户人家生了一个男孩非常地高兴，于是就在男孩满月的时候将他抱出来，想要让街坊邻居说点好话。

一个邻居说“这孩子将来可以赚大钱”，他于是受到了主人的感谢。另一个邻居说“这孩子将来可以做大官”，他也收到主人的几句恭维。还有一个邻居说“这孩子将来总是要死的”，于是被主人暴打一顿。那么问题来了：为什么最后一个邻居和前两个邻居所受到的待遇不同呢？

前两个邻居所说的话明显是恭维话，不一定能够真的实现，后一个邻居说的是客观事实，那么为什么两者之间的待遇不同呢？原因在于后一个邻居说话不分场合，在人家喜庆的日子里说丧气话。所以说话时无论是话题的选择、内容的安排，还是言语形式的采用，都应该根据特定场合的表达需要来决定取舍，做到灵活自如。要注意场合的庄重与否、亲密与否、正式与否、喜庆与否。

3.1.1.2 选择合适的话题

每个人都应该明白，让说话的人感兴趣的不仅仅是你自己，更重要的是，双方都感兴趣的话题才是沟通的关键。选择合适话题的前提是找到相似之处。虽然社会生活丰富多彩，但当我们走进社会进行沟通时，我们发现很难找到一个共同的话题与人相处。

（1）常见话题

我们可以运用一些普通的话题先和对方交流，打开沟通的通道，例如：

1）珍藏品、爱好、孩子、通行；

2）设备（私家车、电子设备）、经济、运营管理；

3）交际（网上聊天）；

4）美食、饮品；

5）时事、新闻、热门话题；

6）气象；

7）旅游、娱乐；

8）异性；

9）运动、体育、活动比赛；

10）喜欢的音乐、电影、综艺节目、电视剧。

（2）选择话题时的注意事项

1）对于你不了解的事，不要不懂装懂；

2）不要向不认识的人炫耀你的成绩；

3）不要在公共场合谈论认识的人的失败、缺点和私人问题；

4）不要提出容易发生争执的话题；

5）不要到处向别人哭诉自己的烦恼。

◎ **案例：**青年求教

有个年轻人想和一名老中医请教如何使用针灸，为了能够撩拨老中医的喜爱，他在请教前作了仔细的调查，他得知老中医日常生活喜欢书法，于是便学习了一些书法的知识。刚开始，老中医对他很冷漠，但当年轻人发现老中医的书桌上放着一些写好的书法，便拿起书法一边欣赏一边说道："老先生这墨宝写得笔直有力，真是好漂亮的书法啊！"对老中医的书法夸赞有加，这让老中医非常喜悦和自豪。紧接着，年轻人又说"老先生，这写的是唐代颜真卿所创的颜体吧？"这样，就可以继续激发老中医交谈的兴趣。果然，老中医的态度发生了变化，说的话也变多了。于是，年轻人将交谈的话题有意地延展，这让老中医非常振奋。终于，老中医欣慰地收下了这位"懂书法"的弟子。

3.1.1.3　话不在于多而在于精

简练的表达方式能够吸引交谈者的注意力。抓住重点，提炼思路，这是交谈的基础，也是交谈好的前提。我们平日和别人打招呼是比较随便的，但在正式场合，比如会议、讲座、演讲时，情况就有所不同。此时，需要说话者深入理解说话的内容，精心安排说话的整个过程。

一般来说，有这样几点要求。

1）抓住中心。一个聪明的演讲者应该时刻牢记话题，无论转换多少话题，他都不会偏离演讲的中心。

2）言之有序。话语不能被文字的堆积所吸引，而必须被一种内在的逻辑力量所吸引，这样才有深度。话语结构要清晰，具有良好的提问、分析问题和解决问题的能力。组织想法和材料，以便于理解、回忆和反思。因此，应该更多地使用由近到远、由浅到深、从已知到未知的顺序。当然，时间顺序最好安排为过去、现在和将来，以便听者容易回忆。

3）连贯一致。开场白很重要，它直接影响到内容的发展，一个难懂的词不能突然拿出来，多层含义之间的过渡要灵活，结尾要总结强调。简洁地传达主题并加深听众的印象。

4）简明扼要，简洁而全面，使听者感兴趣，易于理解，易于记忆。与主题无关的空谈，看似虚假的言论，听者也会厌烦。

掌握正确的说话风格需要三个条件：第一，你要清楚自己是谁，自己的立场。第二，要清楚知道对方是谁；第三，你要清楚自己想要什么。

3.1.1.4 适度幽默

有趣的谈话可以让人轻松愉快，也可以增添活泼的气氛。有些人在与领导或异性交谈时显得非常紧张、脸红、不会说话，此时使用幽默的语言可以迅速打破过于拘谨的气氛。与更熟悉的同事和同学交谈，并适当地说几句玩笑话能够增进感情。但是，如果不考虑时间和场景就讲笑话，即使是开玩笑，也会适得其反，不仅会损害对方的自信心，还会使双方关系紧张。

◎ **案例：**一位律师刚搬进公寓，没多久他就发现隔壁邻居很爱听音乐，还经常把立体声音量调大，使他无法平静下来工作或休息一晚。于是他用斧头敲了敲隔壁的门，邻居见状吓坏了，但律师说："我是来帮你修声音的。"邻居顿时明白了其中的意思，连忙道歉，"不好意思打扰了。"律师说："向你道歉的应该是我，我不想你在法庭上起诉我，你看我带着凶器。"说完，两人哈哈大笑。他们通过这种方式互相认识，而且他们的关系越来越密切。从那以后，他们一直保持着联系。

3.1.1.5　充分利用说话的时机

对于说话的人来说，要达到预期的目的，取得好的效果，所说的话语既要贴合当时的背景，适应当时的情况，又要善于利用说话时机，了解时间因素。

3.1.1.6　其他说话的技巧

（1）要主动地问候

刚刚开始交往的时候，要注意打招呼，既能表现出与对方的亲近，又能营造融洽交谈的气氛。一般来说，年轻人要主动问候长辈，下属要主动问候上级，男性要先问候女性。打招呼时要目视对方，微笑，语气清晰温和，不要显得茫然无助。

（2）要礼貌地告辞

在交流结束时，应该礼貌地离开，并表示希望以后再见到对方，这有利于保持良好的人际关系。离开时，谦虚诚恳，不骄不躁。离开前可以说“再见”“对不起，我们先走”等。

（3）重视每一个人

在涉及多人的谈话中，让少数人在关键角色中被忽视是非常不明智的，你可能要为此付出沉重的代价。所以参与谈话永远不要漠视任何人，注意每个人的面部表情以及他们对你谈话的反应，让每个人都感到被重视和尊重。

（4）学会使用“通用语言”

所谓“通用语言”，一般有以下几个特点：一是让对方觉得你很有礼貌；二是语言平易近人，易于使用；三是给别人一种安慰的感觉；四是表达灵活。最常见的语言是：哦，是的；非常抱歉；请耐心等待；非常感谢您；请指教；拜托！通用语言是人际关系的润滑剂，运用得当会产生意想不到的效果。

（5）注意停顿

说话时停顿实际上是一门艺术。停顿的巧妙运用，不仅可以使讲话清晰，还可以突出讲话的重点，抓住听者的注意力，让听者更容易理解所讲的内容。如果你不知道如何使用暂停，而是一直说下去，你肯定会让对方感到压抑，于是他们会害怕听你说话。

（6）用词准确易懂

使用的语言一定要准确简洁，不能马虎，否则会让人误解。语言应该简单易懂。除非双方都在学习同一个专业，否则不要在非专业互动中使用技术术语。语言也应该谦虚、朴实，不要滥用词汇让人觉得神秘，也不要讲得枯燥乏味，让人觉得无聊。

（7）不要轻易打断对方的谈话

当任何一方在讨论特定问题或讲述某事时，听众不应轻易打断说话者，应等待说话者完成后再提问或表达自己的意见。如果实在需要在中间插入一两句，你应该先打个招呼，说“对不起，我插一句话”，然后礼貌地请说话的人继续。

3.1.2 写的技巧

写作是一个创造性的过程，在这个过程中，交流的主体用文字表达了他自己或他所代表的群体的意愿。因此，在交际过程中，写作是一种重要的交际手段，可以起到传递信息、讲清真相、表达意愿、说服他人、交流感情的作用。作为一种重要的交流方式，写作具有许多独特的特点。写作可以有足够的时间进行创作后的准备和修改，可以使最终的作品正确、完整、清晰；书面作品可以很容易地向各个方向传播，可以仔细考虑文字，柔软表达自己的意思。它的载体是文字，文字可以准确地记录和存储信息，失真相对较小。

3.1.2.1　写作文体及选择

每一种书面交流形式都必须通过一定的文体来表达，在交流过程中，常用的写作文体大致可以分为以下几类。

（1）行政公文

行政公文是指国家机关、公司、事业单位在公务活动中使用的各种形式的应用商务文件。主要有决定、公告、通知、报告、请示函、纪要等。

（2）计划类文书

计划类文书是经济管理中广泛使用的一种重要的文体形式。主要包括工作计划、战略计划、工作计划、工作安排等。

（3）报告类文书

报告类文书是指被调查对象在对某一特定对象进行深入调查了解的基础上，通过科学归纳和准确研究分析，进而揭示事物本质、汲取实际经验而形成的报告应用。包括调查报告、经济活动分析报告、可行性研究报告、汇报报告等。

（4）法律类文书

法律类文书是指根据一定的协议达成一致，协议条款相互遵守的具有法律效力的书面文件形式。包括合同、协议、诉讼、招投标等。

（5）新闻类文书

新闻类文书是指具有宣传和传播功能的书面文件，通过报纸、杂志、书籍等载体媒体向公众报道，具有新颖性和宣传性。包括新闻、时事通讯、消息、广告文案等。

（6）日常事务类文书

日常事务类文书是指人们在处理日常活动过程中经常使用的一种书面交流形式。这主要包括信函和条据。信函的文件类型包括感谢信、慰问信、求职信、证明信、邀请函等；条据类包括请假单、留言单、收据、账单等。日常商务文件形式固定、文字简单、事件单一，是人们表达情感和交流的常见风格。

由于语言理解和表达能力的差异，信息的发送者和接收者往往会在理解和把握上出现偏差。而如果知识面不够广，也会造成一定的沟通障碍。因此，在书面交流中，写作风格的选择必须考虑阅读的对象、读者的文化水平、阅读时的性格特点和心情等，选择一种容易被交流对象接受的写作风格表达信息的内容。

3.1.2.2 写作的基本过程

一般来说，写作过程可以分成拟定提纲、收集资料、正式写作和编辑修改四个阶段。

（1）拟订提纲

拟订提纲是写作过程中很重要的一环，需要花费大量的时间，大纲的准备不仅让写作更容易，而且提高了写作的质量。这个阶段包括设定目标、确定主题、分析读者和制定大纲。

1）确立目标

确定你写作的原因以及你想要达到的目标和结果。只有写作的目的和意图明确，作者才能知道写什么、怎么写，读者才能知道你写了什么、为什么写。这样不仅可以使写作思路更清晰、更有条理，而且可以使每一项工作都有目标，减少或避免写作错误，提高写作质量和效率。

2）确定主题

主题是写作的中心思想，确定主题是达到写作目的的基本途径。主题明确，中心思想突出，能让读者瞬间清晰。因此，一旦确定了目标，就要根据日常目标确定写作的主题，并在此基础上进一步确定写作的风格、主要内容和观点。

3）分析读者

写作的目的不是为了作者欣赏，而是为了读者阅读和理解，这就需要作者仔细分析和研究读者。这样，作者就可以选择对读者有用的信息或者读者可能感兴趣的信息，并且知道用什么方法、用什么语言来写作。

4）列出提纲

提纲是撰写论文的总体框架。大纲是写作任务的一半，一个合理的大纲可以反映写作的意图、主要内容和观点，是概括的写作内容。

（2）收集资料

巧妇难为无米之炊。无论是写正式文章还是非正式笔记，都需要一些信息。这些材料可能来自你脑海中的记忆，也可能是从各种渠道收集而来的。收集到的材料也需要经过总结、整理和提炼，才能成为有用的写作材料。在写作过程中，这些材料成为写作的本源，或成为叙事中的事实，或成为推理论证，或成为解决问题的工具。

（3）正式写作

写作过程是一个非常复杂的智力过程。在这个阶段，作者必须用文字表达自己的思想、意图、内容、观点等。关于写作的基本要求，有学者将其概括为正确、清晰、完整、整齐四个方面。

在写作过程中，要注意以下几点。

1）注意文书的整体设计。包括美观大方的封面设计、合适的文字大小、清晰的段落设计、合理的页边距以及标准化的表格和插图。这些都会给人留下良好的第一印象。

2）开头要鲜明并具有感染力。最好从直接说明写作目的开始，这样读者可以在最初的几分钟内判断材料是否与他们相关，以及主题是否对他们有吸引力。

3）使用简洁的词语和句子。大约包含15个词的句子通常就足够了，如果必须使用较长的句子来传达完整的意思，可将长句子的数量保持在最低限度。

3.1.2.3 提升文字沟通的其他技巧

（1）沟通目的要明确

与语言沟通一样，使用文字进行交流也需要明确目的。用文字向对方传达自己的想法和意见时，首先要搞清楚自己为什么要这样写，希望对方看完后有什么反应，想要达到的最终目的是什么。

提前弄清这些问题再动笔，就不会有目标模糊和混乱。信息传输必须完整且准确。使用文字进行交流时，必须确保所传达的信息清晰完整。如果表达模糊、模棱两可，甚至自己都不确定，很可能接收者将无法获得完整有效的信息，从而做出错误判断或产生困惑。

◎ **案例**：下面这些表达方式：

“我们后天去吃饭吧，但我钱不多了，我的文章还没写完呢。”

“我看到你们在群里的争执了，你的想法有道理。××的想法也不错。”

“明天出去旅游，今天晚上准备一下。”

如果对方收到这种信息，你觉得对方能明白你真正想透露的信息吗？我不能明白。

因此，如果你依靠文字来传达信息，你必须使你的观点清晰、准确、完整，不要包含容易产生歧义的文字，以免造成整体交流的混乱。

（2）行文简洁，重点突出

简洁是效率的直观体现。一般来说，简洁的语言往往更容易表达你的观点并被他人理解。因此，在交流的时候，让语言尽量简短，不要冗长或过于复杂，用最少的内容把想说的话表达清楚。

同时，要以简洁的表达方式突出重点，让对方一看到这些话就知道你想做什么，你交流的目的是什么。

◎ **案例**：如下两封信，对比一下书写文字表达的水平。

尊敬的××先生/女士：

我间接知道贵公司正在寻找一家为其所有部门安装计算机的公司。作为一家真正有说服力的公司，我相信我的公司能够胜任。曾为贵公司工作过的人一再强调，我们支持这项业务。我也是一个非常热情和诚实的人，关于与您见面的可能性，除非有其他通知，我将在周一、周三和周四下午拜访您。

这是一家公司的负责人写给另一家公司负责人的一封信，他想赢得一家大公司的电脑订单，但这封信不仅混乱，而且语言不通，有很多词用得非常突然和令人困惑。

再看下面这封信。

××先生：

您好！这是来自××公司的一封信。在我们上次电话沟通后，很高兴能够寄给您一份我们公司最新的产品宣传手册。

您已表示贵公司有兴趣安装新的计算机软件，我相信我们的产品和服务能够满足您的需求并让您满意。期待您的回音，期待与您的愉快合作。

经过对比，发现第二封信的内容简洁明了，更重要的是重点突出，说明了写信的原因和要达到的目标，也很方便阅读。

（3）语言表达恰当、合理

有时，我们还需要使用文件来回复别人的来信、请示等，达到互相交流的目的。在这种情况下，一定要注意词的表达要准确。

比如，当你给对方一个肯定的回答，如同意某个请求，愿意给对方机会或好消息时，你可以立即将这个好消息传达给对方，让对方高兴，然后再解释一遍消除对方的问题。最后，以适当的愿望结束这篇文章，让对方觉得你分享他的快乐。

当你希望将负面信息传递给另一方时，例如拒绝对方的某些请求或向对方传达坏消息时，你可以以合理友好的方式披露，提前铺垫坏消息。先提供一些背景资料提供线索，让对方做好心理准备，然后再清晰准确地提供坏消息，以免造成对方误会。以良好的祝愿结束这篇文章，但不要为坏消息找借口。

当你想向对方传达某种指导性信息时，比如指示对方做某些工作、进行某些活动或提供某些信息等，开头一定要形象，让对方感兴趣，然后清楚地陈述事实、要求或信息。建议并明确指示对方做什么，不要忘记鼓励对方尽快克服困难完成任务。

总之，高效专业的沟通注重沟通中的平衡，即表达者所表达的内容必须符合接收者的需要，接收者能够很好地理解和接受表达者的立场。如果你想通过书面语言来表达，你必须了解这些规则，并注意沟通的细节，这样你的沟通才会达到预期的效果。

3.1.2.4 身体语言的技巧

在日常生活和工作中，为了让别人对你有更好的印象，一定要注意避开那些不受欢迎的姿势或表情，注意用一些好的姿势和表情来帮助你沟通。非语言交流是交流的重要组成部分。知道如何有效地使用肢体语言可以帮助我们有效地交流和理解信息。

（1）积极的身体语言

1）正面注视表示注意力集中；

2）面带微笑表示态度友好；

3）双手叉腰表示进行控制的决心和能力；

4）整洁的外表显示出自信、精明的能力，还显示出自我修养；

5）手放在下巴上表示在评判；

6）扬起眉毛表示感兴趣；

7）微微倾斜的头和友好的眼神接触表明认可地聆听；

8）说话时，如果对方将头转向一侧，尤其是说话人的一侧，或者身体前倾，面向说话人，眼睛一直盯着对方，表示对对方说的话感兴趣；

9）双脚分开与肩同宽，双手放在身后，挺胸，抬起头，目光平视，脸上挂着微笑，表明对谈话有兴趣；

10）慢慢打开记录本，表达对对方的言论关注；快速打开记录本，表明发现了重大问题。

（2）消极的身体语言

1）躲闪的目光表示回避；

2）低头表示对说话内容不感兴趣；

3）肩膀下垂表示没有信心；

4）双臂环抱身体表示自我安慰；

5）皱眉闭眼表示怀疑；

6）双手插在裤兜里或交叉在胸前，不由自主地做小动作，表现为注意力不集中；

7）玩弄笔、打火机，衣带、发辫等，显得拘谨、缺少自信、没有经验，同时不够庄重；

8）摘下眼镜，缓缓揉眼或清洁镜片，表示精神疲劳，或厌倦争论不休的问题；

9）缓缓地拿起桌子上的帽子，表明想结束谈话或告辞；

10）不断地吸烟，表示在某个问题上出现了问题；深吸一口烟，大概是准备奋斗；将烟圈向上吐，表示自信、傲慢；将烟圈向下吐，表示心情沮丧、踌躇等。

（3）如何更好地进行准确的非语言沟通

1）保持眼神交流：眼神交流表示兴趣、注意、力量和可信；

2）用姿态表达兴趣：通过倾斜、直立、正坐等鼓励沟通；

3）减少或除去身体障碍：缩短沟通距离，会议席位应该排成一圈。

3.2 解码的技巧

3.2.1 倾听的技巧

倾听是接收语言和非语言信息、确定其含义并对其做出反应的过程。实验发现，在正常情况下，45%的交流时间是听，30%是说，16%是阅读，9%是写作。会说话的人给人一种聪明的感觉，会倾听的人给人一种亲切和关心的感觉。

倾听可以获取重要信息，倾听可以赢得友谊和信任，真正会说话的人是好的倾听者。真正的说服力来自倾听。只有善于倾听的人才能获得彼此持久的友谊和信任。倾听可以激发说话的欲望，戴尔·卡耐基曾经说过："专心听别人讲话的态度是我们所能给予别人的最大赞美。"倾听可以找到说服他人的关键。

3.2.1.1 影响倾听效果的两大因素

（1）环境因素

1）影响倾听的最常见因素之一是环境干扰。

2）环境多样性、复杂性，包括两方面：一是环境会干扰信息的传输过程，甚至减少扭曲原来信息；二是环境会影响沟通者的情绪。

沟通环境的说明。a. 封闭性：谈话场所的空间大小、有无阻挡设施、光线强度、有无噪声或其他干扰因素；b. 氛围：环境的氛围是环境的主观性特征；c. 对应关系：根据说者和听者在人数上的对应关系分为一对一、一对多、多对一、多对多。

（2）倾听者因素

倾听者的态度和理解信息的能力也会影响倾听效果。表现为：a. 急于发言（人们总是喜欢说，不喜欢听）；b. 选择偏好（有些人喜欢听和自己意见一致的人讲话，偏心于和自己观点相同的人）；c. 厌倦情绪（由于思考速度比说话速度快许多，思考速度至少是说话速度 3～5 倍，导致听话时容易厌烦）；d. 不良的非语言表现。

（3）提高倾听的技巧

倾听的本质是把握重点。

1）精心安排，营造环境

选择合适的时间、地点、保持一定的距离。

2）闭上嘴巴，贡献耳朵

洛克菲勒曾说过："我们的政策一直都是耐心地倾听和开诚布公地讨论，直到最后一点证据都摊在桌上才尝试达成结论。" 至少给对方留一半时间让其表达观点。依据全部信息对别人做出正确的评价。

3）消除偏见，搁置判断

4）集中精神，专心倾听

一般人只能记住所听内容的 1/2，且在 8 小时后会忘掉听到内容的 1/3 至 1/2。

（4）倾听差的原因

一是听者思考速度比说者讲话速度快，故有空闲时间胡思乱想。二是当说者论点与自己观点不同时，就很难再听下去。

（5）提升的具体方法

1）在心里回顾演讲者刚说过的内容，并确保自己明白他想表达的含义。

2）倾听表达者想要表达的意思，听懂语言中所暗示的含义和非语言表达的含义。用心的倾听者能找寻各种线索，掌握说话者要传达的真实信息。

3）不要过于注重说话人的外表和说话方式而导致分心，听出别人真正想要表达的意思。

4）倾听过程中，不要将一个人的外表或说话方式作为对其演讲效果的预先判断。

5）作出回应，巧妙发问：如何回应：简短的口头回应、礼貌的问题；非语言回应，原则上不打断，适时提问（提问在聆听的时候很有效）；提问时掌握时机，问题不要太宽泛，范围越小越好。

6）适时总结，做好笔记。不用费心把说话人的话都写下来，只记下感兴趣但不重要的内容，也不能什么都不记。

记笔记的解决方法：从内心认识记笔记的价值，学会记要点和重点信息等，把要点记录与自己感兴趣的信息结合起来。

3.2.1.2 认识倾听的重要性

很多人认为倾听技巧是每个人与生俱来的能力，不需要训练，所以说到沟通，人们自然会想到说，很少有人想到听。事实上，恰恰相反，人们在交流过程中所面临的很多问题，往往都是由不会倾听引起的，由其引起的错误，远远多于表达不好引起的问题。这也证明了“会说的不如会听的”这句话，可以说每个人都有天生的表达能力，但不是都有天生的倾听能力。更令人遗憾的是，人们花在倾听上的时间太少了。理论和实践都告诉我们，善于倾听是衡量一个管理者管理水平的重要指标。成功的管理者大多是很好的倾听者。美国企业家亚科卡曾表态：“我只是希望能找到一所大学，可以教人们如何倾听别人的意见。毕竟一个好的管理者至少听到的和做到的一样，很多人不明白沟通是双向的。”他认为管理者应该鼓励人们积极贡献并充分发挥他们，虽然你不能接受每一个建议，但你应该对每个建议做出反应。否则，你就听不到好的想法。他总结道：“如果你想让人们为你工作，你必须仔细倾听。这就是一家蹩脚的公司和一家出色的公司之间的区别。作为一名管理者，最让我觉得满足的是一个平庸的人因为管理者的倾听发挥了他的作用。”从这些经验可以看出，倾听是管理者成功的首要条件。

一个有效的管理者必须花费大量时间与下属、上级和同事沟通。在沟通过程中，最常用的技能是认真倾听的能力和说话的能力。所谓认真倾听，就是用耳朵去听，用大脑去思考，用心去感受。所谓能言善语，则强调语言表达的能力。但在实践中，人们往往更注重语言技能的训练，而忽视了倾听技能的提高，从而导致说多听少。站起来说话需要勇气，坐下来倾听也需要勇气。沟通中最大的困难不是如何表达自己的观点，而是如何倾听他人的想法。因此，倾听技巧比语言表达能力更重要。

对大多数人来说，倾听是从听到另一个人的声音开始的，但听与倾听有着本质的区别："听"是人体用感觉器官来接收声音，只要耳朵能听到别人的讲话，就说明自己在"听"对方说话。虽然倾听也是基于听到声音，但更重要的是人必须对声音进行反馈，即倾听应该是一个人们积极参与的过程，在这个过程中，人们必须思考、接收、理解说话者所传达的信息，并做出必要的反馈。同时，倾听的对象不仅限于声音，还包括更广泛的内容，如语言、声音、非语言等。可见，倾听不仅要接受和理解别人在说什么，还要接受和理解别人的手势、姿势和面部表情，不仅要从他们那里获取信息，还要了解说话者的想法和感受。因此，我们可以将倾听定义为：倾听是通过听觉、视觉和其他媒介交流信息、思想和情感的过程。通过倾听，人们不仅能听到对方在说什么，还能听到不同的重音、声调、音量、停顿等。这也是倾听过程中不可忽视的一个因素。例如，演讲者适当的停顿可以给人一种谨慎仔细的印象，而过多的停顿会让人感到不耐烦、缺乏信心或不可靠；同时，人们还可以从音调、音量中区别出愤怒、吃惊、蔑视、怀疑等态度。此外，对话双方面对面交流时，视觉上接收到的信息也是倾听的内容。事实上，有时人们很难从几个词中判断说话者的意思，只有将这些词与某些场合以及说话者的语气和表情结合起来，我们才能清楚地了解说话者的真实想法和意图。例如，当一个女孩对你说"讨厌"时，如果她看起来很娇羞，你会很高兴；如果她很冷漠，你最好远离。所以，在管理过程中，管理者不要把倾听当成一种强迫性的任务，而要积极参与其中，这样你就会发现倾听可以给你带来很多好处。

3.2.1.3 倾听的障碍及克服

人们似乎更倾向于语言交流，而不是互相倾听。在倾听的过程中，由于受语言、环境、情绪等诸多因素的影响，倾听往往难以达到预期的效果。总的来说，倾听障碍主要表现在以下几个方面。

（1）语言因素引起的障碍

语言在不同层次上影响着倾听过程。

1）语言层次。语言是说话者用来表达意见和想法的基本工具。使用不同的语言工具，不同的语言背景和习惯都会影响倾听效果。

2）声音层次。这是人们使用听觉器官接收说话者信号的程度，不同的音量、音高和语调传达不同的内容。

3）语法层次。不同的语言表达方式都会使同一种语言产生不同的表达效果，甚至是截然相反的意思。

4）语意层次。这是说话者想要传达的真正含义层次。不明确的语义会给倾听者造成障碍。

可以说，大部分倾听障碍都与语言因素有关，比如口语和肢体语言的不一致，说“3”时却张开了 5 根手指。如果听众注意你的行为，就会产生混乱。另一个例子是使用不恰当的术语。这可能会让不知道怎么做的人彻底失去理解能力，比如“氯化钠”对大多数人来说可能比较陌生，但说到“盐”，几乎人人都知道。

（2）倾听者引起的障碍

倾听者在整个交流过程中扮演着重要的角色。不仅知识水平、文化素质、专业特点、理解听者信息的能力等直接影响听力效果，而且倾听者对说话者个人表现的态度也有影响。总的来说，倾听者自身的障碍主要表现在以下几个方面。

1）假装倾听

也就是倾听者表现得好像在认真听一样，不时点头表示同意，不同意时皱起眉头，甚至做出诸如“我知道”“这很有趣”“是这样的吗”之类的简短评论，但事实上，他们并不专注于对方所说的话。

2）急于发言

人们都有喜欢发言的倾向，话没说完就很容易激动地打断别人，不说话的时候容易不耐烦。这样往往无法全部理解对方的意思。所以我们经常听到人们说：“你听我把话讲完，好吗？”这说明贸然说话不利于双方沟通。其实很多时候只要仔细听别人的讲话，就会发现心里的疑惑已经消除，不用再提出问题了。

3）忙于记要点

也就是倾听者觉得他必须把说话的内容每一个字都写下来，所以他一边听一边忙着做笔记。这会导致，后面的内容没有听到，忽略了完整倾听。

4）吹毛求疵

倾听者不注意讲话的内容，而是专门挑出说话者的错误，说话者的口音、用词、主题、观点都可以成为倾听者批评的对象，倾听者甚至捕捉细微的错误并降低演讲者的风格和观点。这种个人偏见通常会导致产生敌对情绪，影响倾听效果。

5）缺乏耐心

倾听者过于不耐烦，经常在说话者停顿或喘息时打断，以帮助说话者完成句子，但往往忽略说话者即将要说的话题。

6）以自我为中心

倾听者表现出一种夸大的自我心态，对于说话者的每一个话题，他都会有意无意地回应自己生活中的事件。比如他会说“这让我想起了我……”这就打断了别人的想法，甚至引出了新的话题。

7）忙于私活

也就是说，倾听者从一开始就不会停止他正在做的事情。他可能会在谈话过程中打开一封信、打电话或整理他的办公桌，当这种情况发生时，说话者通常会尽快结束谈话并离开。

（3）感情过滤引起的障碍

每个人都喜欢听奉承，即使甜言蜜语被夸大了，它也不会引起听者的反感，即使不愉快的话语说对了，也不会让听者满意。每个人都选择听他们想听的话，当有人说他们想听的话时，我们会“竖”起耳朵并接收所有信息，无论是真话、部分真话、谎言和虚假信息；另外，当你遇到不想听的内容时，你会本能地拒绝它，无论内容是否对你有用。可以说，在倾听的过程中，情绪起到了听觉过滤器的作用。有时它会导致盲目，有时它会消除倾听的所有障碍——你会满足于从另一个人的嘴里确认你的想法，并对此感到满意。但要小心，用情绪来过滤信息可能无法很好地倾听并理解说话者所说的意思。

（4）心理定势引起的障碍

每个人都有自己的好恶，对某些特征有着根深蒂固的心理刻板印象和成见。与你不喜欢或不信任的人交流时，很难客观而冷静地接受对方的信息。例如，当你讨厌的人在台上演讲时，你会认为他太虚伪了，只是胡说八道，导致很反感听他讲话，甚至四处张望，或者不停地敲桌子，向对方发出“你完了没有，我不想听了”的信号。当一个通常比较爱唠叨的人要求和你说话时，你会不在意听他讲话，因为你会认为他所说的大部分内容都是废话，因而你可能会错过一些有用的信息。

（5）心智时间差引起的障碍

正常人的大脑运转速度非常快，每分钟可以处理 500 多个字词，人的语速为每分钟 140 个左右字词，这就产生了听者心理时差的问题。为了填补这段时间的空白，在聆听的同时，你的大脑自然会游荡到其他的想法上，但当你回过神来时，你会发现你在这段时间里游荡得太远了，错过了很多重要的内容。不得不说，这是正常心理反应的结果，但要想听得更好，这个过程还是要控制的。

（6）性别差异引起的障碍

研究表明，男性和女性倾听的态度和方式不同。女性经常彼此相对而坐，身体前倾，面部表情丰富，提供直接的眼神交流，并在彼此交谈时发出鼓励的声音。而男性之间的交流更放松，保持较少眼神交流，说话时面部表情较少，通常希望对方安静地听。因此，男女交谈时可能会出现困难。如果一个女人在听的时候发出鼓励的声音，男人会认为她没有在听，或者认为真的同意他说的话；其实，女人只是表达她在听。在谈话中，没有看到男性口头暗示或肢体语言的女性认为他们根本没有在听；事实上，男人认为他们的沉默是他们关心的标志。因此，当男人和女人说话时，双方都必须理解并接受这些差异造成的障碍。

（7）环境因素引起的障碍

每一次交流都是在一定的环境中进行的，而环境因素是影响倾听效果的最重要因素之一。环境因素不仅包括客观环境因素，如谈话地点、环境布局、噪声水平、光照强度、温度、气候条件、座位安排等，还包括主观环境因素，如心情、性格、衣着和谈话双方、人数、话题等。环境因素主要从两个方面影响倾听效果：一方面，它干扰信息传输过程，使信号减少和失真；另一方面，它影响了双方的情绪。这就是为什么人们在交流时如此专注于选择环境的原因。比如老板在会议室向下属请教，下属会很认真地谈，但如果在餐桌上，下属可以随心所欲地谈自己的意见，甚至谈一些不成熟的想法。老板在咖啡店里随便问起下属西装的款式，下属就会轻松闲聊。如果老板去下属办公室问问题，大部分下属都会惊恐不已，怀疑这件衣服是否违反了公司的标准。这种差异是由于人们的心理压力和情绪以及谈话的情绪在不同的场合有很大的不同。此外，发言者和倾听人数的不同也会影响收听的效果。在一次谈话中，无论是一个人在说一个人在听，还是几个人在说几个人在听，不同的对应关系也会产生不同的倾听效果。当一个人说一个听（就像两个人谈心），听者会感受到自己角色的重要性，注意力自然会集中；当一个人说很多人在听，倾听者觉得压力小，所以经常开小差；当倾听者只有一个，演讲者很多时（比如几个记者向新闻发言人提问），倾听者就会专心致志，不敢懈怠。另外，由于倾听是感知的一部分，其效果受限于听觉和视觉器官，如果出现生理缺陷，肯定会影响倾听效果。虽然导致听力障碍的因素千差万别，来源多样，但就其对听力效果的影响而言，倾听环境、倾听者和说话者无疑是最重要的三个因素。

3.2.1.4 克服倾听障碍的技巧

（1）创造良好的倾听环境

倾听环境是影响倾听的质量和效果的重要因素，如果谈话双方都能选择并营造良好的环境，倾听的效果就能显著提高。一般来说，好的环境包括合适的时间、合适的地点和合适的氛围。

1）适宜的时间

如果可能的话，可根据沟通的需要。仔细选择倾听的时间和地点。有些人早上的工作效率最高，所以他们会为早起的员工安排重要的演讲。对于大多数人来说，一天中最糟糕的时间是午饭后和下班回家之前，因为吃饱后很容易感到疲倦，而且人们不想在下班回家之前耽误太久。因此，您应该尽量避免在这些时间安排重要的倾听内容。另外，尽量避免时长的限制，如果你只有几分钟，而且谈话很重要或很复杂，需要更多时间，最好安排另一个时间段。这样做时，您可以向对方解释您需要足够的时间与他们进行深入讨论，并且别人通常会很乐意重新安排谈话的时间表。

2）适当的地点

谈话地点的选择也很重要。地点的选择应使谈话不被外来因素干扰，尽量消除所有干扰，如在门上挂上“请勿打扰”的标志。此外，办公的家具和座椅应合理地安排。

（2）提高倾听者的倾听技能

倾听过程中倾听者是主体，倾听者的知识水平、理解能力、倾听态度和心理状态对倾听效果有着直接的影响。提高倾听者的倾听技能可以从如下几个方面入手：完整、准确地接收信息；正确地理解信息；适时适度地提问；及时地反馈；防止分散注意力等。

（3）提升讲话者的讲话技巧

一切讲话技巧的本质上都是为了完成两个目的：让别人听懂你，以及让你听懂别人。讲话者提升详见“说的技巧”章节，关键注意讲话速度不要太快；不要太注重细节描述；不要紧张；要对事不对人等。

3.2.2 看的技巧

3.2.2.1 从穿衣打扮看人

古人云：相由心生，衣如其人。一个人的善恶是发自内心的，但可以从脸上看出；一个人的性格来自于自然，却可以体现在他的衣着上。花童喜欢时髦的衣服，这反映了积极的精神状态；稳重的中年女性选择服装，注重端庄、稳重、大方，在一定程度上体现了她们的品位和审美水平；阳光的青少年喜欢休闲个性的服装，朝气中带有一丝叛逆的精神；成熟男士偏爱精致经典的服饰，体现都市精英男士的沉稳与睿智。

（1）看一个人的衣着是否华丽

穿着漂亮的人往往是那些喜欢在公共场合表达自己的人。他们表演和炫耀的欲望非常强烈，为了获得炫耀资本，他们对金钱的追求非常迫切。如果这样的人成为我们的搭档，大可不必惊慌，与他搞好关系的金钥匙就是要恰当地赞美他的着装，满足他的虚荣心。相反，我们应该非常注意那些穿着非常普通的人。如果一个人生活条件差或基本节俭，穿着简单，这是可以理解的。但是如果一个人故意把自己打扮得非常朴素，那就有问题了，这往往意味着这个人是在用朴素的外表来掩盖自己内心的自卑。

（2）看一个人的衣着是否新潮

追求时尚表明一个人接受新事物的速度很快，也表明他不专心，没有自己的看法，遇到问题时容易跟风。这样的人适合某些具有挑战性的工作，但如果挑战太高，他可能会放弃。在人际关系中，这样的人可以当作朋友来交往。他们的本质比较简单。不要因为他们暂时与你疏远而感到不安，在交往上，他们不会有太多想法，很少伤害别人。

忽视潮流的人并不是感觉器官迟钝，而是他们的性格就是这样。这种性格包含两个方面，一个是逃避，另一个是叛逆。逃避现实的人表现为自闭，性格叛逆的人都表现出与身边的人和事格格不入。毕竟，特立独行的人会有一种很容易伤害朋友的强硬态度。

（3）看一个人的衣着是否符合个人的收入水平

服装对我们的工作和生活都很重要，但服装并不能完全决定你的命运，一个人选择穿什么衣服应该结合他的收入水平。那些不在乎收入，只想打扮的人，不能被委以重任，因为他们只看重表面的光彩，而忽视了个人的进步。

3.2.2.2 肢体语言看人的意图

肢体语言的另一个组成部分是肢体和身体的姿势，如拍手表示高兴，跺脚表示愤怒，搓手表示焦虑，低头表示沮丧，摊开双手表示无助，以及捶胸表示痛苦……心理学家专门制作了一本《肢体语言会话手册》用于“翻译”各种肢体语言。

3.2.2.3 学会阅读对方的表情

俗话说，一个目光表达了 1 000 多句话。因此，眼睛被称为“心灵的窗户”是最恰当不过的。如果对方眼神镇定，没有迷茫，说明他胸有成竹，很有把握；如果对方眼神模糊不定，长时间不能注视一个地方，说明他遇到了很大的困难，不知道如何解决问题；如果对方目光锐利，说明他在想着与自己有很密切的私人关系的事情，最好不要打扰他。学习阅读对方的表情将有助于实现理想的沟通。

◎ **案例：**《围城》中有段剧情是这样的：苏小姐拿出她的女用折扇，请曹元朗和方鸿渐评论扇子上写的诗。曹元朗看了之后，连声赞美。但方鸿渐却不觉得这是一首好诗，皱着眉头摇了摇头。苏小姐看了一眼，将折扇拿了回去，因为她希望方鸿渐给予正面评价。于是将折扇第二次交给方鸿渐，方鸿渐在读完这首诗后，连忙喊道：“这首诗是偷来的。”苏小姐脸色苍白。方鸿渐改口说：“至少这首诗是借来的，而且是借外债，也就是抄外国诗人的诗。”当时，坐在旁边的唐晓芙冲方鸿渐使眼色，试图打断方鸿渐对折扇的评价，以至于后来方鸿渐尽最大的努力向苏小姐道歉，事情才有了转机。

3.3　管理沟通常用技巧

3.3.1　赞美的技巧

赞美是一种既不用资金，也不用设备，但却能产生多方面效果的利器。赞美正确，会给被赞美者带来极大的精神鼓舞，并对其他人产生强烈的示范效应和进取动力；赞美不当，则会产生许多消极影响和副作用。所以，管理者在进行赞美时，既要注重赞美的方式与方法，同时也要讲究赞美的策略和技巧。概括而言，常用的赞美方法和技巧主要表现在下述几个方面。

（1）当面赞美与背后赞美相结合

当面赞美就是在被赞美者在场的情况下进行赞美。当面赞美有当众赞美和个别赞美之分。如果被赞美者的行为突出，对企业的发展有方向性指导作用，或者希望在全体员工中发扬这种良好行为，可以采取被赞美者在场的大会、工作例会或黑板报等形式当众赞美。特别是对一些荣誉感强的职员采用当众赞美可起到较大的鼓舞作用。除了当众赞美外还可采取个别赞美。

背后赞美就是在被赞美人不在场时所进行的赞美，或者通过别人去传话赞美。背后赞美能使被赞美者感觉到领导对他的赞美是有诚意的，是实事求是的。因此，作为领导者，如果你想赞美某个人，又不便当面提出，如想赞美的人是对你抱有成见的下级，你当面赞美他，他反而觉得你是别有用心，会听不进去，这时，你可以在跟他经常接触的人或他的知心朋友面前把他夸奖一番，用不了多久，这个赞美的信息就会传到被赞美者的耳中，被赞美者听到这种赞美后，就会感到你对他的诚意和公正，对你的成见就会逐渐消除，双方关系就会更加亲密。

（2）赞美方式因人而异

对不同的人应采取不同的赞美方式。如对年轻人，在语气上可稍带夸奖；对有威望的长者，在语气上应带有尊重的意味；对于一个精明的人来说，几句话就能感受到，哪怕是一点暗示，也能让他明白；对于心存疑惑的人，表扬要清楚要解释透彻，不然赞美会被误解，认为这是在嘲笑他或变相批评他。

（3）赞美的态度诚恳热情

不要认为赞美只是形式上、没有感情地说几句表扬的话，这样的赞美是没有效果的。在表扬别人的时候，一定要对他的长处有真切的欣赏，热情地赞美他，真诚地希望他能够坚持这些长处，取得更大的成就。这种赞美才可以实现与对方的情感交流，起到促进作用。

（4）赞美要实事求是，恰如其分

赞美是一种有效的激励手段，但必须实事求是，如果把七分成绩说成十分，甚至任意夸大，评价失实，不仅起不到赞美作用，反而会引起各方面的不满，降低自己的威信。因此，赞美必须实事求是且恰如其分，才能真正起到作用。领导者应该特别注意，赞美要公平合理。不能掺杂私人成见，不能有亲疏远近之分，否则将会起到相反作用。

（5）赞美人的行为

要赞美一个人，请重点赞美他们的行为。例如，如果他做了一些有意义的事情，他应该因为这种行为而受到表扬。这将激励他重复这种行为并取得更大的成果。如果你笼统肯定整个人，比如觉悟高、了不起、是一个高尚的人。这样的赞美根本无法帮助他确定今后努力的方向，而且还会让别人产生盲目的骄傲自满，引起别人的不满。

3.3.2　批评的技巧

好听的话即使言过其实也不会引起听者的反感，而难听的话即使恰如其分也不会引起听者的满足。愿意听到赞美而不愿意遭受批评，这是人们心理需求的基本规律。但在现实生活中，批评又是难以避免的，如果不了解批评的方法和技巧，直接地批评别人，往往是伤了和气又达不到目的。所以要进行有效的批评，必须讲究批评的方法和技巧。

（1）考虑批评的必要性

对于所有的管理者来说，在批评别人之前，一定要考虑批评的必要性，要清楚地了解别人的什么举动惹恼了你，分析你的批评是试图改善工作状况，还是仅仅为了发泄自己的恼怒。要弄清你的批评哪些与自己有关、哪些与别人有关。只有这样，你才能把握批评的真正目的和意图。

（2）批评要公道正直，实事求是

在规章制度、道德规范面前人人平等，该不该批评对谁都要坚持一种原则，不能对亲者宽、疏者严，否则，被批评者会不服气，其他员工会鸣不平，领导者会因此失信于下属，造成矛盾和混乱。同时，批评必须尊重事实，经过分析，确实搞清错误的大小、轻重，一是一，二是二，绝不可夸大事实、无限上纲以及随便给人戴帽子，更不能听信谣言，没有确凿的证据就随意指责他人，更不要轻易相信个人的反映，否则一旦批评错了，不仅会伤害对方的感情，还会失去自己的威信。下级对领导的话都是很认真听的，如果批评过度或不正确，则不仅达不到批评的目的，还会增加下级的抵触情绪。

（3）批评要对事不对人

批评他人是比较严肃的事情，所以在批评时一定要就事论事，对事不对人。要记住：我们批评他人，并不是批评对方本人，而是批评他的错误的行为，千万不要把对人的错误行为的批评扩大到对人的批评上，更不可否定别人的人品和人格，那样就会造成不可调和的矛盾。例如：一个员工没有在规定的时间内来完成你交给他的工作，但这并不意味着他是一个知错不改的人，也许他是一个非常好的员工，并且什么事情都做得很好。所以在批评他的时候不要说“你太慢了，你总是这样”。不然他会马上反驳：我昨天给你的材料也来不及了？因此，您应该批评对方的某些行为和情况，而不是笼统地评价个人。

（4）保持批评的建设性

批评的目的在于帮助别人认识自己的错误，让其知道怎样加以改进，而不是简单地指出他们错在了哪儿。保持批评建设性的有效方法是为受批评者的个人发展着想，使受批评者了解自己所犯的错误对个人以及工作造成的危害和不利影响，以便于受批评者从错误中吸取教训，把错误变成财富。

（5）选择适当的批评场合

批评应该是当面批评，而不是在背后。对下属的批评必须当面进行。这样可以让他清楚地听到你的观点，了解你的立场，促进双方的意见交流。如果你在背后批评，会使对方产生错误的想法，导致误解。但是，直接批评的时候，不应该在外人面前批评，更不要在被批评的人的下级面前批评。因为他人的在场会增加被批评的负面心理打击，从而影响他们接受批评的态度。因此，在批评的时候，通常应该分别和每个被批评的人交谈，让被批评的人感受到领导对他的关心和爱护。这有助于他们了解自己的问题。如果有些问题需要批评或公开报道，你可以先做好对方的工作，帮助对方打消顾虑，缓解阻力。

（6）选择合适的时机

批评的时机很重要。很多时候，如果你应该批评员工但是却故意拖延，可能会产生意想不到的不良后果。大多数员工的问题不是突然出现的，而是在职场中逐渐形成的，如果上级不能及时表达对员工的看法，不能及时与员工沟通，他们之间的恩怨就会在心里积攒，总有一天会爆发。如果你能早点批评，员工就能逐渐改正自己的缺点，你们之间的隔阂也能逐渐消失。一般来说，人们总是在事情出现无法控制的程度时才提出批评。在这种情况下，批评员工是最糟糕的，伴随着尖锐的讽刺、威胁和大量的抱怨。这种非批评的攻击会导致糟糕的结果，被批评的人往往会变得非常愤怒。

（7）友好接近对方

批评的方式越深思熟虑、越周到、越有指导性，效果就越好。你可以加强用眼神的交流，注意你的语气，谨慎选择你的措辞，避免“你总是”“你从不”或“你应该”之类的事情。这样的词通常被看作为一种攻击，使人产生抵抗。同时，应避免以嘲笑和玩笑的形式进行批评。当你取笑别人，或者开玩笑地批评别人时，人们会认为你对他们怀有敌意，因为你不尊重他们。当你直接表达你的批评时，你的批评会被认真对待。

（8）称赞与批评相结合

很多管理者对于表扬十分吝啬，对批评却非常慷慨。有些人对于表扬和批评的技巧拿捏极少。无论你做得多么优秀，他们也从不进行称赞；

但如果你做错了什么，他们就不断地批评你。有些员工除非犯了错误，否则他们不会从老板那里听到对他们工作的评价。作为管理者，当你认为你必须批评一个人时，你可以先称赞一下对方再指出其不足之处，这可以使后续的批评更温和，更容易被倾听和接受，但要确保这是真正的赞美，如果不是，对方会认为你很虚伪。

（9）批评的方式也要因人而异

由于不同的人的经验、知识和个性不同，接受批评的能力和方式也不同。管理者必须区别对待不同的人，采取不同的批评方式。对于比较听话的人，用“温和批评”，就是跟他讲道理，循序渐进地引导他，启发他自觉地认识到问题。对于有惰性、依赖和试探性心理突出的人，建议使用“触动批评”，通过强烈的语言刺激，用“感情”去触动他们，让他们理解，但要注意不要激起对抗性情绪。对于自尊心强、主观意见难以改变的人，应采用“渐进批评”，即批评时要逐步深入，不要直接和对方摊牌，这样可以使他慢慢适应和接受。对于反应快、性格不好、行为容易被言语刺激的人，建议使用“商讨批评”，以冷静、温和的方式向对方传达批评信息。这种方法的优势在于与对方在平等的基础上讨论问题，改变对方可能的对抗动机，稳定他的情绪，帮助他在此基础上理解问题。

3.3.3 谈判的技巧

谈判者应具有良好的综合素质。谈判前应收拾好自己的仪容仪表，着装整齐、正式、庄重。在谈判中，第一印象很重要，言行要尽量营造友好轻松的气氛。谈判开始的一个重要任务是了解对方的细节，所以要仔细聆听对方的谈话，仔细观察对方的举止和表情，并做出适当的回应，这样才能理解对方的意图和表现出尊重和礼貌。

谈判的实质阶段主要包括报价、询价、磋商、解决冲突、处理冷场。在商务谈判中，无论是基于获得最大利润空间的考虑，还是基于将公司损失最小化的目标，都离不开谈判技巧的运用。

（1）确定谈判态度

商务活动中谈判的对象是多种多样的，我们不可能对所有的谈判都采取相同的态度。我们需要根据谈判对象和谈判结果的重要程度来决定在谈判中采取的态度。

如果谈判的对象对公司来说很重要，比如是长期合作的大客户，而这些谈判的内容和结果对公司来说不是很重要，那么可以抱着让步的心态进行谈判，这样如果公司没有太大的损失和影响，在相互满意的情况下，对以后的合作更有利。如果谈判的对象对公司很重要，谈判的结果对公司同样重要，那么要有友好合作的心态，努力实现双赢，化解两者之间的矛盾双方。对第三方来说，比如市场区域划分出现矛盾，可以建议双方合作或帮助对方开发新市场、扩大面积，将对立的竞争变成了竞争与合作携手并进。

如果谈判的对象对公司来说不重要，谈判的结果对公司来说也无关紧要，是可有可无的，那么你可以轻松上场，不用在这样的谈判上花费太多精力，甚至可以取消谈判。

如果谈判的对象对公司来说不重要，但谈判的结果对公司来说很重要，那么应该以积极的竞争态度参与谈判，不要顾虑对方，全力以赴谈判，以最佳谈判结果为方向。

（2）充分了解谈判对手

俗话说，知己知彼，百战不殆。了解对手在商务谈判中非常重要。对对手了解得越多，就越能把握谈判的主动性，就好像我们提前知道招标的低价，自然成本最低，中标概率最高。

在了解对方时，不仅要了解对方的谈判目标和底线，还要了解对方的企业经营情况、行业情况、谈判者性格、公司的企业文化以及谈判方的习惯和禁忌。通过这种方式，可以避免由于文化和生活习惯的冲突而导致的许多额外的谈判障碍。还有一个非常重要的因素需要了解和掌握，那就是其他竞争对手的情况。例如，在采购谈判中，作为供应商，我们需要了解我们可能与我们正在谈判的买方合作的其他供应商的情况，以及我们可能与之合作的其他买方的情况，我们给出可以比其他供应商稍微便宜一点的合作方式，这就很容易达成协议。如果对方提出更严格的要求，我们也可能会拿出其他采购商的信息，让对方知道我们是知道底细的，同时暗示我们有很多合作的选择。另一方面，作为采购商，我们也可以应用相同的反向策略。

（3）准备多套谈判方案

谈判双方提出的初步方案对自己来说是非常有利的，双方都希望通过谈判获得更多的利益，所以谈判的结果绝对不是双方提出的初步方案，而是经过双方谈判、妥协的结果。在双方推拉的过程中，往往容易失去初心，或者被对方引导，此时最好的办法就是多准备几种谈判的方案，拿出最有利的计划方案；若协商不成，再拿出次一级的方案；若还没有达成，就拿出再次一级的计划……即使我们还没有拿出这些方案，我们也可以在心里有数，确定与对方的妥协是否偏离了自己设定的初始框架。所以不会出现在谈判结束后，经过仔细考虑，你发现你的让步已经超出了预期的范围。

（4）建立融洽的谈判气氛

谈判初期，最好找一些双方都同意的地方，表达出来，给对方留下一个更像伙伴的潜意识。这将使随后的谈判更容易朝着共识而不是对抗的方向进展。面对僵持的局面时，也可以拿出双方共识化解分歧。

你也可以和对方分享一些有趣的商业信息，或者只是讨论一些无关紧要的问题，一旦达成共识，双方的内心就会发生巨大的变化。

（5）设定好谈判的禁区

谈判是一种非常敏感的沟通方式，所以语言要简明扼要，避免说不该说的话，但在艰难漫长的谈判过程中出错在所难免，最好提前准备好一些谈判中禁语，哪些话题是危险的，哪些行为是不允许的，谈判的底线等。这样就可以尽量避免陷入谈判中对方设下的圈套或误区。

（6）语言表述简练

在商务谈判中，忌讳使用松散或通俗的语言，语言尽量简短，否则，你的关键词很可能陷入冗长、无意义的语言中。当一颗珍珠放在地上时，我们很容易找到它，但如果将一袋石子倒在上面，就很难找到它了。同理，我们人类从外界接收声音或视觉信息的特征是：最初，我们的注意力会随着接收到的信息越来越多而变得越来越分散，如果是没有用的信息，就会被忽略。

所以，在谈判的时候，语言一定要简明扼要，尽量让对方的大脑处于接收信息的最佳状态，清楚地接收自己的信息。如合同、计划等，则适合在说话或阅读时改变高、低、轻、重的音调，例如在重要的地方提高声音，放慢节奏，或穿插几个问题，引起对方积极思考，增加注意力。在重要谈判之前，应进行模拟练习，练习语言表达和应对突发问题。在谈判过程中避免使用模棱两可和冗长的语言。这不仅不能有效地表达你的意图，而且还会让对方感到困惑和厌恶。这里值得强调一下，明确区分沉稳和拖延。首先是语言表达虽然慢，但字里行间考究不废话，这样的语速也有助于对方理解和并消化信息内容。在谈判过程中，谈判者非常喜欢这种表达方式。在谈判中，试图依靠口才和咄咄逼人的气势向对方施压，往往事与愿违，结果大多不尽如人意。

商务谈判虽然不能与政治和军事谈判相提并论，但谈判的本质是一场博弈，一场对抗，充满火药味。这个时候，双方都很敏感。如果语言过于生硬或过于强烈，很容易激起对方对抗或厌恶的本能。因此，在商务谈判中，当双方存在分歧时，微笑委婉地面对对方，这样对方就不会激活自己脑海中本能的敌意，这样下一次谈判就不会轻易陷入死胡同。

商务谈判不是张牙舞爪，并非气势逼人就能占据主动，相反，情绪不表现出来，情绪不被对方引导，心中想法不被对方明白才能克制对手。

至柔者长存，至刚者易损。如果你想成为商务谈判的高手，你必须是一个软钉子。

（7）曲线进攻

孙子曰：“以迂为直”，克劳塞维茨将军也说过：“到达目标的捷径就是那条最曲折的路”。由此可见，要想达到目标，就必须以迂回的方式前进，否则直奔目标只会引起对手的警惕和对抗。你应该通过引导对方的思维，把对方的思维引导到自己的圈子里，比如通过提问，让对方主动告诉你你想听到的答案。另一方面，你越急切想要达到目的，你就越有可能暴露自己的意图并被他人利用。

（8）谈判是用耳朵取胜，而不是嘴巴

在谈判中，我们经常会陷入误区，就是一种主动攻击的思维，老是说话，老是想压制对方的话，老是想把更多自己的想法灌输给对方，以为这样就可以拿到主动权，但其实并不然。在这种竞争激烈的环境中，你说得越多，对方就越会拒绝。很少有人能听进去，更别说听进心里了。而且，你说得越多，总被排挤得越多，在谈话的过程中，对方也有很多话要说，被施压的结果就是难以妥协和达成协议。反之，让对方想说什么都说出来，当他们把所有被压制的话语都说出来的时候，就会像一个瘪了的球，精神一落千丈，然后你就反击，使对方没有退路。更重要的是，善于倾听，可以发现对方的真实意图，甚至是对方话语的破绽。

（9）控制谈判局势

谈判活动表面上似乎没有主持人，但实际上有一个看不见的主持人，要么是你，要么是你的对手。因此，需要积极把握谈判的节奏、方向甚至趋势。一个主持人必须具备的特质是：虽然话不多，但动起来就直奔重点，气势虽盛但不凌人，从容不迫。不是用语言把对手推到悬崖边上，而是用语言把对手引导到悬崖边上。而且，如果你想成为谈判桌上的主持人，你必须表现出你的公平，也就是客观地面对问题，尤其是在谈判开始的时候对手会不断地潜意识里被你引导，局势朝着对你有利的方向发展。

（10）打破僵局，以小换大

◎ **案例：**春秋时期，宋国有个养猴高手。这个人可以明白猴子的想法，猴子也可以明白他的想法。后来，这人家越来越穷了，再也买不起这么多给猴子吃的东西了。因此，他打算减少猴子每顿吃橡子的数量，但又怕猴子不答应。于是对猴子说道："早上给你们吃三个橡子，晚上给四个，够吗？"猴子大声叫着，表示反对。过了一会，他又说："那这样吧，我早上给你四个，晚上给你三个，够吃吗？"猴子们听到这话，纷纷跳起舞来，非常高兴。

这个小故事想必大家都很熟悉了，它暗喻了"朝三暮四"的成语。这个故事看似荒谬，但实际上谈判中有"朝三暮四"的真实现象。通常，当双方在一个重要问题上陷入僵局时，一方会后退一步，给出其他小利作为补偿，以打破僵局，以小利换大利，或改变整个计划的顺序，这欺骗了我们的思维。乍一听觉得不可思议，但在实际谈判中经常会出现这种情况。所以首先要能跳出脑筋急转弯一样的思维陷阱，然后要善于用小利博大利，学习以进为退。谈判最大的学问之一就是学会在合适的时候做出让步，只有这样谈判才能顺利进行。毕竟谈判的结果是以双赢为最终目的。

（11）让步式进攻

在谈判过程中，可以适时提出一两个高要求，对方不可能会答应。对于这些高要求，我们本无意达成协议，这样我们做出让步，我们也不会输，但会给他们一种成就感，觉得我们在占便宜。这是我们的其他要求低于这种高要求，对方很容易接受，但我们不能提出过分的要求，否则对方可能会认为我们不真诚，甚至会激怒对方。

先抛出高要求也可以有效降低对手对于谈判利益的预期，挫伤对手的锐气。事实上，谈判的关键是如何在双方的思想上取得平衡。即我认为自己在谈判中取得了满意或基本满意的结果，这些满意包括达到预期、自己赚取的收益、谈判对手的让步、自己的主动权、和谐的谈判气氛等。有时这种平衡和利益在谈判中并不是很重要，因此，谈判可以输掉，只要赢得利益。即表面上让步，失去一些优势，给对手攻城略地的感觉，但实际上已经达到了最初的目的。

第 4 章 沟通的应用

前几章讲了沟通的一些基本概念和技巧，本章通过一些场景来增进理解。沟通是情绪的转移、信息的传递、感觉的互动。良好的沟通是提升工作效率的重要举措，只有良好的沟通，才能获得必要的帮助；只有与人良好的沟通，才能为他人所理解；只有良好的沟通，才能得到必要的信息。沟通可以产生聚合力，团队内有效的沟通对于提升团队素质至关重要，可以增强团队凝聚力和团队战斗力。

4.1 沟通的对象

沟通的对象是多种的，在我们的日常工作中，沟通对象一般有三种：与上级、与同级和与下级的沟通。

4.1.1 与上级沟通

从企业整体运作要求来看，下级有责任为上级的要求服务，只有围绕企业的发展目标，一起努力，才能获得成功。所以说在工作中，与上级的沟通效果直接影响工作的绩效。

4.1.1.1 用自己的话复述接受的任务

举个例子，小陈是公司某技术部门的工程师，其部门主任微信给他布置了一个接待外宾的任务：“小陈啊，下周有 3 位外国技术人员来公司做技术支持，你负责接待一下。”这时，一般的回复是：“好的主任，我知道了。”但是这远远不够的，还需要用自己的话，把接下来需要做的事项列出来，给领导再复述确认一遍。

所以应该这样回复：“主任，我现在需要做的事情是：

1）预订一辆可以坐 3 人的车；

2）预订 3 间宾馆客房；

3）预订明天中午 12 点的一个饭店包厢；

4）做交流的 PPT 材料。

这样做可以吗？”

这时候只见领导缓缓发来 4 条新消息：“小陈啊，要订多 1 个位置的车，便于接车啊；订宾馆的时候注意都要带窗户的房间；饭店要有清真餐，这几位外宾是穆斯林……”

其实很少有领导会在布置工作的时候给下属交代这些细节，“这么简单的事儿，还用我说？”——很多领导都会这样想。但是，细节的事儿，还真的要领导说！那如果他们不说怎么办？那你就自己想到再汇报。把你能想到的所有细节都列出来，进行确认，直到领导满意为止。

不要怕领导烦，要大胆请教。从领导的视角来看，请教就是尊重领导的知情权和决策权，请教就是佩服领导的工作能力和工作经验，请教就是把领导当作自己最信任的人。当然请教也要分时机，如果领导此时有事在身，那就等他忙完了再见缝插针地请教。

4.1.1.2 搜集信息而不做决定

接下来小陈需要订车，订宾馆，订饭店，做汇报材料。

了解公司能提供什么车，然后把信息发给领导，让领导决定。宾馆、饭店亦如此，汇报材料同理。

要永远记住一条：领导是决策者，我们是执行者，我们负责收集信息，整理信息，提出决策建议，以及执行决定。

永远不要代替领导做决定，低位决策是大忌。

4.1.1.3　及时汇报接受的不同指令

当小陈正准备下订单的时候，突然，另外一个部门的主任正好从办公室路过："咦？小陈啊？你在给谁订车？……你们部门主任？不用订了，不用订了，我们部门正好有车去机场，可以去接外宾，你别订了。"

这时候，如果小陈迷迷糊糊听了该主任的话，就不订车了，是严重的错误，他应该马上报告自己的部门主任，为什么要这么做呢？

因为，职场中有一条定律：要对你的直属上司负责。

在接待外宾的事件中，小陈的直属上司就是他所在部门的主任，所以小陈从头到尾都要对他所在部门的主任负责。

不管第二个出现的领导职位多高，也不论他发布的命令是出于好心坏心，只要他发出指令，我们就必须要马上报告直属上司，让直属上司来做判断，做决定。

4.1.1.4　向领导寻求帮助

其实，有时候领导在给我们布置工作的时候，他们并不知道实际的工作量大小，他们很可能会给我们布置过多的工作量而不自知。所以，我们要学会提前预估工作量，学会向领导请求帮助！

"小陈，这次接待外宾的事，就由你来负责了啊。"

"好的，主任。这次接待的工作量很大，我需要帮助，您可否给我安排几个人？"大部分领导都会同意的。对于领导来说，通知几个下属，打几个电话，不是难事。

不过使用这一条的时候，要特别注意一点：千万不要私自去指使别人，这是职场大忌。

私自指使别人，就是不尊重别人的领导，几乎等同于不给别人领导面子。所以，当我们需要人员帮助的时候，一定要向自己的领导提出申请，由领导来决定如何调配委派人员。

总之，下属与领导沟通，要讲究方法、运用技巧。况且，与领导进行有效沟通，保持良好上下级关系，不是人格扭曲，不是狡诈诡谲，不是欺上瞒下，不是阿谀奉承，也不是人际交往异化流俗，而是一门学问。

4.1.2 与同级沟通

同级沟通，是指在组织内各阶层间横向的一种沟通程序。现代社会是个信息沟通的社会，需要每个人都有良好的与人交往的能力，特别是我们生活在人群中，需要与同事有良好的沟通，有助于事业的开展，不能成为“独行侠”。

4.1.2.1 同级沟通的三种模式

（1）退缩方式

就是不敢争取自己的权利、需求与愿望，或是表达不当，因而无法引起他人的重视。

例：知道信息文档部小杨 EXCEL 用得好，财务部小王对他说：“你能否帮我把这个报表做好，下周三交给我。”面对小王的要求，小杨自己也有很多事情，但考虑到自己不答应，势必影响以后同财务部的关系，报账就会带来很多的麻烦。于是，他的回答是：“我现在实在没有空。嗯，不过，我可以想想办法，加个班，没关系的。”

退缩行为的出发点：别人的需求与愿望比自己的更为重要；每个人

都应享有的权利，自己却不用；自己可以贡献的才智有限，别人则比你强得多。

退缩行为的特点：深怕因为积极而招致恶果，所以选择回避问题。

说话拖泥带水，例如：我想也许你可以……。经常为自己找借口，例如：平时我是不会提起这件事的，只是……。语句中常常出现过多的抱歉以及征求对方意见的用语，例如：真抱歉，我的原意并非如此……。放弃自己的愿望，例如：我可以另找时间做；我觉得……，可是那并不重要；我会想办法的。

（2）侵略方式

1）侵略方式的特征：懂得维护自己的权利，但所用的方法却已侵犯了别人；忽略或否定他人的需求、愿望、意见、感受与信念。

2）侵略方式的出发点：自己的需求、愿望与意见比别人的重要；自己应享有的权利，别人却没有；自己的能力非常高，别人都比不了自己。归根结底，侵略行为的目的在于求胜，即使牺牲别人也在所不惜。例：“电脑借我玩两天。”“什么？我这里的正经工作还没有完呢，哪里有工夫管什么报表这些杂七杂八的事”，“那是你的事！你自己看着办吧”。

3）产生侵略方式的原因

原因一：有“甜头”

例：别的人都是敬酒不吃吃罚酒。我的态度强硬，就会有人害怕我，给我办事，否则谁理你啊。

有的人认为在工作中态度强硬、采取侵略行为代表有很强的工作能力，是“能干”的象征，所以这种人就会受到从领导、同事到下属的重视、尊重和敬畏，就能得到更多的晋升机会和其他的好处，事实上是在鼓励侵略型。

原因二：忍无可忍

例：你们部门真是欺人太甚，我简直无法再忍受下去了。

4）侵略性的言辞有以下几个特点

① 惯于自我标榜

例：我的计划总是能够按时完成。这事也就我能完成。

② 以威胁性的语气质问对方

例：你傻呀？我真想不出你为什么这么做！

③ 用命令甚至是威胁的口吻提出自己的要求

例：你现在马上把报告交出来，否则后果自负。

④ 不是鼓励对方改正错误，而只是一味怪罪别人

例：如果不是你……，就不会发生这种事了。

（3）积极方式

在不侵害其他人和部门权利的前提下，敢于维护自己和本部门的权利；用直接、真诚并且比较适宜的方式，来表达自己的需求、愿望、意见、感受和信念。

例：小周积极地答复："我希望我能够把汇总表按时交给你，但我们以前交报表都没有这么急，恐怕各个处都没有准备，我们试一下再答复你，可以吗？"

积极行为的基本出发点：坚持原则，捍卫你最重要的权利和利益，按照职权和公司规定的"游戏规则"行事，别人的任何行为都是值得尊重的。

双方的沟通是基于共同的目的：把工作做好，一定会有双赢的解决办法。在沟通中表现积极的人经常使用的语言：多以"我""我们部门"作为一句话的开头。例：我认为、我希望、我的想法是……

说话简洁扼要，区别事实与意见，提供不带强制性意味的建议。例如：我的汇总表是否能够在晚些时候交给你？提出对事不对人的建设性批评，询问他人的想法、意见和期望。

4.1.2.2 平级沟通要克服的事情

小贾是公司计划部的一名员工，为人比较随和，不喜争执，和同事

的关系处得都比较好。但是，前一段时间，不知道为什么，同一部门的小李老是处处和他过不去，有时候还故意在别人面前指桑骂槐，对跟他合作的工作任务也都有意让小贾做得多。起初，小贾觉得都是同事，没什么大不了的，忍一忍就算了。但是，看到小李如此嚣张，小贾一赌气，告到了经理那儿。经理把小李批评了一通，从此，小贾和小李成了绝对的冤家了。

◎ **案例点评：**小贾所遇到的事情是在工作中常常出现的一个问题。在一段时间里，同事小李对他的态度大有改变，这应该是让小贾有所警觉的，应该留心是不是哪里出了问题了。但是，小贾只是一味地忍让，这并不是一个好办法，更重要的应该是多沟通。小贾应该考虑是不是小李有了一些什么想法，有了一些误会，才让他对自己的态度变得这么恶劣，他应该主动及时地和小李进行真诚的沟通，比如问问小李是不是自己什么地方做得不对，让他难堪了之类的。任何一个人都不喜欢与人结怨的，可能他们之间的误会和矛盾在比较浅的时候就会通过及时的沟通而消除了。

但是结果是，小贾到了忍不下去的时候，他选择了告状。其实，找主管来说明一些事情，不能说方法不对，关键是怎么处理。但是，在这里小贾、部门主管、小李三人犯了一个共同的错误，那就是没有坚持“对事不对人”的原则，主管做事也过于草率，没有起到应有的调节作用，他的一番批评反而加剧了二人之间的矛盾。正确的做法是应该把双方产生误会、矛盾的疙瘩解开，通过加强员工的沟通来处理这件事，我想这样做的结果肯定会好得多。

我们每一个人都应该学会主动地沟通、真诚地沟通、策略地沟通，因为这样可以化解很多工作与生活中完全可以避免发生的误会和矛盾。

1）要主动，最主要的是谦让，一个人进入一个企业，面对其他部门要非常地谦虚，多称他们为前辈，对你没有什么坏处，一个人要学会谦虚；

2）学会体谅，一个人跟别的部门员工沟通的时候，要主动跟别人分析完和想方法，然后只让人家说是、不是、可以或者不可以，而不是持一种“你不在乎，我也不在乎”的态度，要从对方的角度，替他去想；

3）自己先提供协助再要人家配合，人都是先帮助别人才有资格让人家帮助你；

4）双赢，和其他部门员工沟通一定要注意双赢，双赢前要作利弊分析。

4.1.2.3 平级沟通的原则技巧

（1）原则

1）用建议代替直言；

2）用提问题代替批评；

3）让对方说出期望；

4）诉求共同的利益；

5）顾及别人的自尊。

（2）技巧

1）同事间要多注意礼节和人际关系。

2）和跨部门的高层沟通时，先请自己的同级主管打电话沟通一下；

3）就事论事，尽量协商出对彼此有利的结果；

4）有争议时，避免争吵，可请上司出面协商调整；

5）平时要建立起互助、团结的良好默契。

4.1.3 与下级沟通

4.1.3.1 放下架子，平等相待

领导与下属人格上是平等的，职位的不同，不等于人格上的贵贱。有句话说得很对：“伟大来源于对待小人物上”。尊重你的下属，实际上

所获得的是不断增进的威望。某公司董事长，每次进单位大门的时候，总要对门卫和收发室的临时工问这问那的，表现得很随和，使这些临时工感到十分亲切，和正式工比起来，临时工本来就有自卑感，常常被人看不起，但是，公司一把手的做法，深深地感动了他们，更重要的是，这些所谓的小事，却大大提高了董事长的威望，也成了人们赞誉的话题。

事情往往就是这样奥妙，你越是在下级面前摆架子，让下级服从你这位大领导，就越被下级看不起，认为你是“小人得志”；你越是对待“小人物”放下架子，尊重他们，你在他们心中就越显得伟大。

俗话说，设身处地，将心比心，人同此心，心同此理。作为领导，在处理许多问题时，都要换位思考。比如无法说服下属，并不是没把道理讲清楚，而是由于领导者不替对方着想。关键在于你谈的是否是对方所需要的。如果换个位置，领导者放下架子，站在被劝说人的位置上瞻前顾后，同时，又把被劝者放在领导的位子上陈说苦衷，抓住了被劝说人的关注点，这样沟通就容易成功。

你站在下属的角度，为下属排忧解难，下属就能替领导排忧解难，帮你提高业绩。

4.1.3.2　激励为主，幽默诙谐

每个人的内心都有自己渴望的“评价”，希望别人能了解，并给予赞美。身为领导者，应适时地给予鼓励、慰勉，认可褒扬下属的某些能力。当下属不能愉快地接受某项工作任务之时，领导会说“当然我知道你很忙，抽不开身，但这事只能你去解决，我对其他人没有把握，思前想后，觉得你才是最佳人选。”这样一来使对方无法拒绝，巧妙地使对方的“不”变成“是”。

这一劝说技巧主要在于对对方某些固有的优点给予适度的褒奖，使对方得到心理上的满足，使其在较为愉快的情绪中接受工作任务。对于下级工作中出现的不足或者是失误，特别要注意，不要直言训斥，要同

你的下级共同分析失误的根本原因，找出改进的方法和措施，并鼓励他下次一定会做得很好。要知道斥责会使下属产生逆反心理，而且很难平复，对以后的工作会带来隐患。

例如，你是位领导，带领几个下属去比赛保龄球，比赛的时候，下属抛过去的球打倒了七个，作为领导可能会有两种表达。其一：“真厉害，一下就打倒了七个，不简单！”这种语言是激励，对方听起来很舒服，其反应是，“下次我一定打得更好！”其二：“真糟糕，怎么还剩三个没有打倒呀！你是怎么搞的？”对方为了缓解领导对自己的压力，就会产生防御思维和想法，其反应是：“我还打倒了七个，要换了你还不如我呢！”两种不同的做法和不同的语言，前者起到激励的作用，后者容易使人产生逆反心理，同时产生不同的行为结果。

积极的激励和消极的斥责，对于下属的影响就会是两种不同的结果，更重要是心理上的影响，这是最根本的东西。

领导者与下属谈话，语言幽默，轻松诙谐，营造一个和谐的交谈气氛和环境很重要，上级和部下谈话时，可以适当点缀些俏皮话、笑话、歇后语，从而取得良好的效果。只要使用得当，就能把抽象的道理讲得清楚明白、诙谐风趣，会产生一种吸引力，使下属愿意和领导交流。

领导的语言艺术，对于下属来说，既是一种享受，又是一种激励，可以拉近上下级关系的距离。

4.1.3.3 谈心聊天，成为朋友

有一位厅级干部，在他还是一般职员的时候，一次他的领导（当时已是厅级）在路上见到他，和他打招呼握手并问候他，虽然这是领导不经意的一次举动，但是在他心里产生莫大的震动，回去后，心情久久不能平静。他当时认为，这是领导对自己的重视和认可。此后他的工作一直做得很出色，受到单位领导和上级的一致赞扬。现在这位职员升为一个厅级单位的领导，他也经常找下属谈心，谈心的面很广，谈工作、谈

生活、谈发展，每次谈话，职员都受到很大的鼓舞。就是这个举动，增强了全员的凝聚力，使单位工作做得有声有色。经常找下属谈心，可以充分了解职员对单位发展的看法、职员的心态、情绪变化、自己工作的反馈等，有利于更好地开展工作。

每个职员都想得到上级的重视和对个人能力的认可，这是一种心理需求。和下属常常谈谈话，对于形成群体凝聚力，完成任务、目标，有着重要的意义。

领导者的说服工作，在很大程度上，可以说是情感的征服。只有善于运用情感技巧，以情感人，才能打动人心。感情是沟通的桥梁，要想说服别人，必须架起这座桥梁，才能到达对方的心理堡垒，征服别人。领导者与对方谈话时，要使对方感到领导不抱有任何个人目的，没有丝毫不良企图，而是真心实意地帮助自己，为下属的切身利益着想。这样沟通双方的心就接近多了，就会产生“自己人”“哥儿们”效应。

情感是交往的纽带，如果领导能够很好地运用好这条纽带，使自己成为下属真正的“自己人”，是完成群体目标的主体力量。

4.2　沟通的场景

4.2.1　会议沟通

4.2.1.1　四成精力用于准备——会前规划

（1）会前准备——高效会议的基本保障

不打无准备之战，不开无准备之会。一般人总是忍不住把所有的注意力都放在开会上，比如会议日程怎么安排、怎么走流程、谁主持谁发言谁总结等。

其实比这些更重要的事情是会前和会后，首先是会议规划，即开会原因及目标、参会人员、议题框架，其次是能够让会议真正产生影响的行动，也就是在会议结束后把事情落实完成。

提前思考不是为了尽可能节省时间，恰恰相反，是为了得到最高的回报。只有充分地准备，做足功课，才能让会议发挥作用。所以要在准备阶段把方方面面都考虑到，要作规划，并且一定要用书面的形式通知到所有与会人员。

详细规划一番后，还要打印会议日程、准备背景文件或信息资料等，因此用时会比较长。

（2）行动项跟踪表——不犯错的“秘密武器”

凡是流于形式的会议，一般都是没有行动项跟踪表的，这是许多人都不善于利用的工具。在项目推进会、团队例会中，行动项跟踪表有助于快速设置会议议程，可以复制之前的想法，对于重复性的流程，不需要每次都回忆，减少了错误和遗漏事情的风险。

一位领导说：“没有行动项跟踪表很难要求工作上的一贯性。行动项跟踪表就是要确保每一次的工作流程都一模一样。”他每次开会，都要设计一张专用的检查表，以免会议中漏掉重要的事情。

行动项跟踪表一般包括：

1）追踪上周会议结论；

2）检查项目实施细则；

3）确认规划中的活动。

（3）提前阅读资料——高效实用的开会文化

摒弃以往的低效会议，渐渐使推进会形成一种规律，或者说一种文化：有会必准备。

不仅会议主持人要作准备，其他所有与会者都要准备，提前阅读资料。这样，会上彼此之间的谈话就能集中于想法和行动，而不是放在说明和长篇大论的解释上。

在每一个议题开始前，会议主持人都忘不了说一句：“我相信所有人都已经读过资料了。”然后迅速转入决议阶段。

如果你没做准备，那你就要准备好迎接失败了。在读过所有必需的背景资料后，你才能做好准备迎接下一场战斗。很少再为开会而烦恼，团队里形成了这种准备，工作起来轻松多了。

4 个建议：

1）召开会议一定要有原因，即目标明确；

2）以书面形式将开会的原因、时间和地点告知与会者；

3）明确强调所有人按时到会，不能迟到；

4）要求与会者提前阅读相关资料，做好准备。

4.2.1.2　四成精力放在开会——会上决议

在花了 40%的时间做细致的准备工作，同时也敦促其他人做了准备工作之后，接下来就是确保会议效果。

（1）控制会议进程

作为会议召集人，首先要控制会议进行的速度。最好能寻求到一种平衡：既不能为节省时间而太过干脆——无法充分地讨论和决议；也不能给大家太多说话的机会——这会导致翻来覆去讨论一件事，意见无法统一。

要在这两种情况之间达到平衡，就必须清楚把握好你想要达成的共识，并知道何时放开讨论，何时收拢做决议。

（2）适时的话术让决策更迅速

会议主持人可以尝试使用一种“有点儿不舒服”的话术，它通常是小组决策的强效催化剂，比如：

我知道大家都想去吃饭，那我们就先抓紧时间把这个问题解决。

这儿确实有点热，这个议题完成之后，我会让人去修空调。

我们再讨论 5 分钟，然后就休息一下。

（3）关注结果，杜绝扯皮

低效的会议往往议而不决，大家都在相互扯皮，造成一再拖延，犹豫不决。而遵循四二四注意力法则的会议，往往在会议开始时就关注结果。办法就是：既给出问题又给出问题的答案，让大家围绕更明确的话题展开讨论，阐明各自的想法。

例如，本次会议的目的是制定预算，那么在会议开始前就让人起草一份预算，让与会人员各抒己见，也许意见会不统一，但总的方向是明确的。

（4）总结陈词

会议临结束，最好留作总结，让所有与会人员都有机会发言。即使参与得很好，每个人也能用几分钟把注意力放在反思上，反思自己的参与情况，并开始提前规划下一步行动。

主持人一般可以问以下问题：

在这次会议中，你最称道的是什么？

在这次会议中，哪些事情让你特别关注？

会议结束后，你计划怎么做？

你的期待是什么？

（5）结尾好，一切才好

会议既要开得好，收尾也要收得好。最后三五分钟，通常是人们印象最深刻的，因此在与会者离开前，要让他们获得明确的目标，感觉到团队的进取、和谐，迸发出工作动力。

确保每一个人都清楚自己下一步的工作，并作出公开承诺。这是一种十分有效的方式，便于让参会人员承担起各自的责任。让与会者把各自的任务写到纸上，一目了然。

4 个建议：

1）按时开始会议；

2）人手一份会议议程并且遵照执行；

3）指定专人做会议记录；

4）围绕会议的主题开展讨论，控制离题的问题。

4.2.1.3　两成精力用于跟进——会后跟踪

会议的后续跟进不仅是重点，它还是唯一的重点，因为没有后续跟进以及扎实的行动，开会是没有意义的。承诺不代表完成！

（1）划重点邮件

跟进要在会议结束时就开始。会议结束前，每一个参会者都必须清楚需要采取什么行动。最好是列出行动清单，或者用图表展示出来，并输入到会议记录或纪要中发布。

会后，主持人要及时向与会者发送一封“划重点”邮件，包括：行动要点、截止日期、提醒每个人各自的目标。尤其要说明他们各自的任务完成后，将对整体工作做出什么贡献，旨在激发工作动力。

（2）提供窗口澄清问题

提供的窗口可以是跟进邮件，或是定期检查、巡视管理（即负责人到工作区巡视，让团队有机会接触到你）。

走动管理时，可以问这些问题：

你清楚自己应该做什么吗？

你需要的东西都有吗？

你的方向正确吗？

我们遇到了一些比较大的困难，你那里怎样？

（3）跟进邮件

这是除了“划重点”邮件之外，会后一周或一个月后再发邮件跟进，可以直接把之前的行动清单再发送一遍，以示提醒，或者提供一些最新的信息及项目进度，增强工作动力。跟进邮件还有一个功能，就是让大家可以借此机会问自己不明白的问题，有疑问或问题出现时该找谁处理。

（4）量化行动

量化每一个行动的内容及其效果。在开始的头几个阶段，量化行动内容会给人带来条理感，起到自我提醒作用，让人目标更明确，从而让监管和跟进变得更容易。

（5）行动的文化

这是体现开会成效的习惯性做法，项目团队应该形成一种行动文化，也就是在跟进活动完成之后，相关人员应当得到嘉奖，让每个人都有一种成就感。不过，最好不要把完成视为意外惊喜，因为我们完成后续工作是分内之事，是一种常态，应当在意料之中。

4 个建议：

1）会议结束时，一定要让所有的与会者充满信心；

2）如有必要，总结一下会议成果；

3）写出书面纪要，以便跟踪落实会议精神；

4）按时结束会议。

4.2.2 电话沟通

4.2.2.1 电话沟通的几种情景

1）彼此之间的办公距离较远，但问题比较简单时（如两人在不同的办公室需要讨论一个报表数据的问题等）；

2）彼此之间的距离很远，很难或无法当面沟通时；

3）彼此之间已经采用了 E-mail 等其他的沟通方式，但问题尚未解决时。

4.2.2.2 做好电话沟通前的准备工作

（1）梳理思路，准备内容

在拨打电话之前，对自己想要说的事情做到心中有数，要梳理出清晰的顺序。做好这样的准备后，在通话时就不会出现颠三倒四、丢三落四的现象了，同时也会给受话人留下高素质的好印象。

（2）电话沟通的“二八法则”

可以用 20%或者更多的时间寒暄唠嗑、嘘寒问暖、营造气氛，用 80%的时间去说主题、谈正事。

（3）制定电话沟通的一般流程（示范如下）

1）开篇问好：吐字清晰、礼貌问好；

2）核实身份：确认对方身份，先听对方的声音，再核实是否是自己要找之人；

3）自我介绍：不卑不亢，介绍自己；

4）唤起回忆：从上次分别或上次通过电话时说起，打开话题，尴尬的气氛会瞬间缓和；

5）聊天漫谈：毫无目的地聊天，既可融洽关系、增进了解，又有助于消除戒备、敞开心扉。可以从天气状况说起，从自身经历说起，从街边新闻说起，从时政要闻说起等；

6）切入正题：在与对方闲聊的过程中，选择合适的时机切入正题，也就是本次通话要达到的目的。通话的目的不同，话题也就有所不同。比如：本次通话的目的是想邀约顾客到会，那么就要提前构思好足够的到场由头，并绘声绘色地讲出来，还要跟顾客约定好见面的时间；

7）留下话题：留下下次通话或见面的话题、由头；

8）礼貌挂断：切记，要让顾客先挂电话，不可只管自己说完就挂断电话。

（4）制定预案，提前演练

对于对方可能提及的问题或出现的状况要有预判，并制定相应的解决策略；同时，在进行电话沟通前，自己要先反复演练几次，直到觉得顺口、成竹在胸。

4.2.2.3 电话沟通的注意事项

（1）打电话之前一定要打好腹稿

打好腹稿的意思是，要明确电话沟通的目的，对方会有什么样的反应，如何应对。当然，如果你久经职场或者应变能力特别强，那也可以不用打腹稿。在电话沟通中，一旦被对方问住了，卡壳了，通常就很难达到预期效果了。

（2）不要在休息时间打电话

休息时间，他为什么要接你电话？所有电话沟通，尽量在上班时间完成，休息时间不要打电话。除非十万火急，很少在休息时间打电话。很多公司都有午休的习惯，就算对方没有在午休，也有可能在吃午饭。无论哪种情况，都不是电话沟通的良好时机。

（3）尽量在五分钟内完成电话沟通

职场上的通话，讲究效率，天马行空的通话，时间很长，但没效率。简言之，大家的时间都很宝贵，对方还有一大堆事，你想浪费时间，人家不一定愿意呢。所以，尽量言简意赅，正确表达诉求。

（4）第一声很重要

标准的第一句通话应该是：“你好，我是××公司的××”，你的声音没有那么独特，不要苛求大家一听到声音就知道是你，反正对方也会问，何不在一开始就自报家门？在你说了一堆之后，对方再问一句你是谁啊，你前面说过的话就相当于白说了。

（5）保持愉快的心情

没有人愿意接受负能量，大家都想跟阳光积极的人一起共事。如果你心情不好，请摆正了心态再去打电话或者接电话，毕竟电话仅仅靠声音交流，你的坏心情会通过电话线传导到另一端，就算你有很正常的诉求，对方也会打折扣。

（6）一定要有明确的时间期限

我们在电话表达诉求的时候，不一定每次都能获得对方响应，对方总会有各种各样的理由或者突发事件，一定要有明确的时间期限，如果不能马上满足诉求，那么什么时候可以呢？一方面给对方以紧迫感，另一方面也为我们跟踪进度留下依据。

（7）做好记录

俗话说，好记性不如烂笔头，电话沟通要做好记录，尤其是需要后续跟踪的电话沟通，一定要做好记录。时间久了，或者忙碌起来，你不一定记得当初电话沟通的内容，做好记录是个很好的习惯。

（8）挂电话的礼貌

讲完就挂电话是相当没礼貌的行为，结束交谈时，客气地讲一声“再见”或者“就这样吧”，更能体现你的涵养。

4.2.3　网络沟通

4.2.3.1　电子邮件网络沟通

（1）电子邮件的特点

1）电子邮件沟通具有仪式感

对于一些特殊的场景，仪式感很重要，比如重要的活动邀请或者信息通知，如果只通过简讯或者电话的方式知会对方，是很失礼的表现，而如果在与对方确认过活动或通知的信息之后，再给对方发送一封格式规范、措辞恰当的电子邮件，就非常得体。

2）电子邮件沟通要求内容逻辑清晰

写电子邮件时，通常需要认真编辑反复修改，对邮件表述内容逻辑进行调整，以方便收件人可以更快理解。同时，由于电子邮件具有异步通信的特点，很多时候收件人并不需要立即做出答复，让沟通的双方都有思考的时间。

3）电子邮件沟通记录可查询

工作中，在沟通双方意见未达成一致时，偶尔会发生相互推脱的情况，使用电子邮件进行沟通，方便双方留存记录，即使出现分歧也可以梳理清楚。

4）电子邮件沟通便于协作

发送电子邮件可以选择抄送、密送、群发单发等，在团队协作中，便于权责分明，使工作内容条理更清晰，有效提高团队效率。

（2）使用电子邮件沟通的注意事项

1）沟通的对象问题

业务沟通中间，有主沟通对象（决策人）、辅沟通对象（执行人）、监督评估对象（审核人）等，使用电子邮件沟通时，这个规则依然没有发生变化，发送邮件之前，必须确认对象是否正确，以免造成不必要的困扰。

2）认真撰写电子邮件的内容

向他人发送的电子邮件，一定要精心构思，认真撰写。若是随想随写，既是不尊重对方，也是不尊重自己。在撰写电子邮件时，以下三点尤其必须注意。

① 避免滥用电子邮件。在信息社会中，任何人的时间都是无比珍贵的。对重要人士来讲，这一点就显得更加重要了。所以有人才会说："在交往中要尊重一个人，首先就要懂得替他节省时间"。

② 慎选电子邮件功能。现在市场上所提供的先进的电子邮件软件，可有多种字体备用，甚至还有各种信纸可供使用者选择。这固然可以强化电子邮件的个人特色，但是此类功能必须慎用。

③ 写作中的情绪问题。邮件也是"信件"的一种，具有"白纸黑字"的特征，也许发出邮件信息会永久被存于某处私人档案或转印成文件到处流通。因此，在送出电子邮件时应谨慎地评阅所撰写的字句，以免他日落人笑柄。

3）好的电子邮件沟通的一般特点

① 明确主题。一个电子邮件，大都只有一个主题，并且往往需要在前面注明。若是将其归纳得当，收件人见到它便对整个电子邮件一目了然了。

② 语言要流畅。电子邮件要便于阅读，就要以语言流畅为要。尽量别写生僻字、异体字。引用数据、资料时，则最好标明出处，以便收件人核对。

③ 内容要简洁。大家的时间都极为宝贵，所以电子邮件的内容应当简明扼要，高度概括。

4.2.3.2　即时通信网络沟通（以微信为例）

（1）从一个事例说起

之前有个热搜话题，是聊天回复“嗯”被老板批评，有个网友在跟老板沟通的时候，因为一个“嗯”字，让老板很生气。他们的对话如下。

老板：明天上午行程安排？

员工：明天去市场。

老板：你都安排好了吧？

员工：嗯。

老板听到这个“嗯”字就火了，批评说：“你要么回复‘好的’，要么回复‘嗯嗯’，和领导或客户都不要回复‘嗯嗯’，这是一个基本的说话礼仪。我讲过的，有可能你的一个细节就会损失一张订单或一个客户，明白吗？”

这个员工被老板批评后，表示不能理解，准备辞职。结果网友说：老板没错。

这说明什么？微信聊天本质上没有什么硬性规定，不违法不违背公序良俗，你想怎么聊都可以，但实际上由于微信用户已经超过 10 亿人，微信成为沟通工具也已经很多年了，所以它实际上已经形成了大量的约定俗成的不成文沟通礼仪。

鉴于微信在职场、社交中的重度高频使用，有必要总结科普一下微信沟通时的礼仪和技巧。不要让微信沟通成为你人际交往、职业发展的绊脚石。

（2）微信沟通，效率要高

1）在吗？最为致命

有事就说事，每次一说话就是“在吗”＋长时间的沉默，我根本猜不透你是想跟我借钱，还是找我免费咨询，让我帮你代购……

未知的恐惧，让人瑟瑟发抖。

同级别杀伤力的比如：忙吗？睡了没？有空吗？＋长时间的沉默。

正确沟通姿势：不是不可以问候对方，而是问候完，紧接着抛出你的问题，等待对方的回复。

2）频繁断句，浪费时间

生活中，有这样的：“老师，你好。想问你几个问题。你平时喜欢关注哪些公众号？尤其是个人成长领域的。有哪些平台可以推荐？可以接受投稿的。”我每次刚要回复，回答还没编辑完，他下一句又出来了，我就眼睁睁地看着他说了一整屏的话。

正确沟通姿势：该说的信息，尽量一次说完，别大喘气。如果要说得比较长，做个排版，提高对方的阅读体验。

3）你不说，我哪懂

生活中：很多人会突然扔过来一个文章链接、一张图片、一个视频……你等着对方说个啥，结果啥都没说，只留下一脸懵逼的你。

工作中：同事突然发个文档、资料、链接……你以为有啥指示呢，结果对方啥都没说。是让我帮你改吗？是让我确认吗？是让我转发给别人吗？是下午开会要用的东西吗？是给客户的吗？

正确的沟通姿势：对方不是你肚子里的蛔虫，等着别人追问又浪费时间，有事说明白，节省时间，提高效率。

4）你不艾特我，我怎么保证看得到

有时候，你在群里发个通知，你会发现，不是所有人都会回复“收到”。但如果，你艾特某个人，或是艾特所有人，几乎你想通知到的人都会回应你。

微信群里，会印证一种心理现象：责任分散。如果你不指明是跟哪些人说的，看到的人也不会觉得你是在跟他说，也就影响了信息的传送效果。

正确的沟通姿势：找谁，就艾特谁，让信息进行精准传达。但是只艾特一次就好，如果对方长时间没有回应你，你可以发个短信或是打个电话去及时沟通。不要就一个事情频繁艾特对方。

（3）微信沟通，要有礼貌

1）长语音，最烦

微信语音确实很方便，但要分情况、分场合、分对象。

我跟同事沟通工作，或者两个人开心地聊天，我们觉得打字太慢，可以互相征求意见，“要不我们发语音吧？”“好的好的”，这样就可以愉快地发语音了。

最烦的是：我跟你打字聊着天，你突然就开始发语音了，也不打声招呼；我打开微信，突然发现你给我发了 10 条 59 秒的语音。

有的人普通话还不标准，我听的时候，还是一知半解的。正常人语速最快 1 分钟 160 字，阅读速度最快 1 分钟 500 个字。你倒是说痛快了，但你说得远没有我看文字看得快。

正确的沟通方式：发语音前先征求对方意见。

如果你发了语音，但对方给你回了文字，这样的情况，你还是发文字比较好。如果你当时不方便打字，可以借助输入法里的语音转文字功能，这样发送给对方的还是文字形式。另外，职场中一般上级可以给下属发语音，下属不可以给上级发语音，是挺不公平，但职场不是谈公平的地方。

2）突然拨语音通话，最吓人

有时候正开着会呢，突然微信跳出一个语音电话，有时候吓到手抖挂掉。拨语音通话之前能不能先打声招呼？

“突然拨语音通话”加强版如下：

语音拨过来，我不方便接听，于是我没接，或者直接挂断了，结果对方又拨过来，然后又拨过来。你怎么就这么倔强呢！比突然拨语音通话更吓人的是突然拨来视频通话。瞬间让你想关掉手机。

正确的沟通姿势：先文字沟通是否可以拨打语音，等对方同意后再给对方拨过去。

3）聊着聊着就不回了，最让人受伤

有时候你跟朋友聊着正起劲，你一句他一句地聊，突然他就没再回复了，你以为他可能等一下马上就回来，可是 2 分钟、5 分钟、10 分钟……你才确认，他真的不回你了。你以为他真忙去了，结果发现他活跃在朋友圈和微信群。

还有很多人不会使用“收到”这俩字。你发给对方一条信息，需要对方知悉，结果对方半天没回复，你问，对方说：哦，已经看到了。

正确的沟通姿势：如果有事要走开，要发一句“晚点再跟你说，临时有事”；收到别人的信息，花一秒钟回复一个“收到”。

4）随便推好友名片给陌生人，最让人无语

我经常突然收到陌生人加微信，加上之后说，是谁谁谁推荐的，想跟你咨询点事儿。什么？推我名片给陌生人不需要打个招呼吗？这点尊重得有吧。

正确的沟通姿势：在推名片前，先征求对方的意见，不要擅自帮对方做决定。

5）不打招呼就给别人拉群，最让人无奈

有时候你刷微信突然发现一个陌生的微信群，一看发现是一个小时前刚加的好友拉你进群的，没经过你同意，拉进群之后也不跟你说一声，也没告诉你这是个啥群。

正确的沟通姿势：拉群之前先跟对方说一声，如果是对方必须要进的群，也要在对方进群之后，在群里说明群是干嘛的，需要在群里做什么。

（4）微信沟通，情商要高

1）别再用微笑、呵呵、哦、嗯、额的表情和文字

传统的微笑可以表达：你好、心情愉悦、聊天很愉快、很高兴认识你。但现在大家一般会用微笑来表达：我很忙、不想理你。

微笑这个表情，已经被解读出了负面意思，现在大多数人也是当负面表情来用的，如果你跟同龄人使用这个表情，无疑是冒犯了对方。

不过要说明一下，有些年长的人或是同龄人，依然会用这个表情表达善意，我们理解就好，不需要较真。

我们管不住别人，但可以做到自己不去使用。

另外，在回复中收到“哦”“呵呵”“嗯”“额”等这样的字或者相应的表情，也会让人很火大，这种形式在微信上其实可以等同于冷暴力。

正确的沟通姿势：“微笑”“呵呵”“哦”“嗯”“额”这些表情一律不用，如果是发字，“哦”“嗯”要分别变成“好的”“收到”。

2）别在朋友圈的评论区跟别人聊天

朋友圈评论是共同好友才能看到，有时候我们也会遇到，你的共同好友们在评论区你来我往地聊起来了，而且还不是两三条，甚至还能聊一屏，让人分分钟想删朋友圈。

朋友圈对外，是展示自己的平台，对内是属于自己的地盘，人都有领地意识，你在别人地盘里撒野，就是对别人的冒犯。

正确的沟通姿势：尽量少把别人的朋友圈评论区变成你们的聊天对话框。有时候我们看到别人的评论，想接着发表自己的看法，也没什么关系。不恰当的是，根本没有发朋友圈那人什么事，让人家一打开看到

的是你俩的聊天记录。要有说不完的话，可以私聊对方。

3）不要两个人在微信群里聊私事

微信群发明出来是大家用的，是讨论和微信群主题相关的事情的，但你经常会发现某两个人把群当成私信用了，好像群里就他俩一样。

还有人会在工作微信群里闲聊，工作微信群就是用来沟通工作的，但是有的人就很不在乎，在工作微信群里聊得热火朝天，不知情的人还以为是通知了什么事情呢，赶紧“爬楼”去看，结果看到的都是跟自己不相干的事情，浪费了时间。

正确的沟通姿势：私事不要在微信群里聊，尤其不能在工作群，否则一是没情商，二是浪费大家时间。

4）不要做集赞党、投票党、转发党

“拜托帮忙点赞朋友圈第一条，谢谢哈！”“哈喽，在吗，能帮我投个票吗？我真的特别想要拿到那本书！”“亲，你微信好友多，能帮我们转发一下吗？”“帮我砍一下价！”“拼一下团吗？”“我正在抢票，帮我点一下！”

正确的沟通姿势：偶尔让别人帮你投票、转发没啥，但尽量找跟你关系近的人，跟你根本不熟的人，没有义务帮你搞这些，即使只是举手之劳，也要适可而止，你每要求一次，你的人脉账户就会减少一些。

4.2.4 危机事件中的媒体沟通

4.2.4.1 危机事件中的媒体特性

1）即时传播的新闻具有高度易腐特性，陈腐的新闻是没有吸引力的。因此，原则是“快”比“准”更重要。

2）集体关注突发事件发生时，媒体总会来个自发式的“总动员”，记者相互打听又相互保密，四处搜寻“知情人”和“爆料者”。

3）煽情抢眼球极度依赖网络，密切关注竞争媒体的报道角度；往往会高估和夸大事件的严重性和危险性；力图抓住“令人震惊的画面”从而对受众产生强烈的视觉冲击力。

4）逐级深入从“发生了什么”到“怎样发生的”，再到“为什么发生”，趋向先“新闻”后“调查”再“评论”，采访是从了解到质疑再到拷问。

5）关注负面信息突发事件的采访就是质疑，质疑又往往变成了问罪。很多当家的媒体老总审看记者的来稿时，是以是否挖出问题为好坏标准，这在报道基层单位和企业的突发事件中尤为明显。

6）新老媒体相互借力网络舆论中的“爆料”，往往能引发传统媒体特别是都市类媒体的积极呼应，而传统媒体又开始与商业网站建立“伙伴式”合作关系，重大的调查报道正式见报前发给网站编辑，请其在首页转载，用最快速度制造“媒介事件”。

7）不少媒体追求独家新闻，有一种“排他性”倾向：一条新闻如果其他媒体已经刊播了，就不再采用。也就是说，在似乎媒体一边倒的情势下，会有媒体在寻求唱反调的机会。

4.2.4.2　危机事件的新闻传播策略

（1）抢第一时间发声。在事件刚刚发生、外界还不知道有关信息时，当事单位就发布第一批信息，成为唯一的“信息源”，让记者抢发第一篇稿子就是出自当事单位发布的新闻稿。

1）快报事实，慎报成因。要在第一时间发布已认定的简要信息，重在交代新闻事件的四个要素（何人、何时、何地、何事），而对于“如何”“为什么”可先不作交代，以后根据事态发展和处置工作进展情况，再作后续发布。成因报道一定要慎之又慎，发布稿中多客观少主观，让事实和证据说话。

2）做事件的“第一定义者”，即在危机发生后，迅速对危机作出相应的解释和定性，并承担起舆论导向责任。

（2）只用一种声音说话。

1）如何理解口径。口径是指对于某个话题事先准备好的表述，它确定了对于某个新闻事件的表述基础。口径＝预想的记者提问＋统一的答案。

2）口径准备的思路以危机事件为例——损失情况；危机目前的发展态势；当事单位介入危机的情况、当事单位目前所采取的处置措施及准备出台的应对措施；就社会的某些传言向政府求证，并质疑当事单位有隐瞒事实或某些不恰当的做法；把当事单位过去的某些负面事件与当前的事件联系起来；引发这次事件的直接原因和深层次的原因，并质询责任人；本次事件对社会和公众的影响，尤其是负面影响。

（3）认真回应质询问题。

1）把真相告诉媒体和公众；

2）回应的内容要有针对性，紧扣关键问题，而不是简单应付；

3）回应当前的质询问题时，要注意公众随之衍生的新问题。

（4）引导媒体成为危机管理的合作者。

1）为媒体的合法采访提供便利和保障；

2）了解媒体，规范管理；

3）正确应对现场记者。

在回答记者采访时，既不能简单地回避，也不能盲目地应付，以免引起记者反感。在处置危机的同时，拟好对外发布的材料，用书面材料代替随口答访。让记者真正了解事件的全过程，不纠缠事件原因或仅仅关注某个不足的细节。现场如果需要隔离的要立即进行隔离封锁，并向记者做好解释工作。

（5）提高处理坏消息的能力。

1）尽量把坏消息一次说完。一旦发生突发公共事件，应该第一时间发布消息。尽量把坏消息一次说完，工作有缺失必须及时道歉。

2）态度远远重于技巧。要在第一时间向公众表态，绝不能采取否认、抵赖的做法。

3）转移舆论关注的焦点。危机处理过程中，当事单位的新闻处置切忌把注意力始终聚焦在危机事件本身，或者纠缠于那些一时难以化解的问题和矛盾，而应该通过新闻策划来设置新的媒体和公众话题。在负面事件中找出正面的情节，让媒体进行广泛报道，引导公众的议论主题。

（6）引导正面的后续报道。

1）巧妙设置议题。在事件发展的各个阶段中，适时地主动联系媒体，以新媒体关注的焦点和报道主题。

2）被动应对不如主动“爆料”。

3）采取多种沟通方式。如新闻发布会、独家采访、集体采访、联谊活动和研讨会等。

4.2.4.3　接受媒体采访前的准备

（1）确立核心信息

1）强调三个核心信息：发布方最想传递的、媒体最关注的、公众最关心的；

2）制作核心信息时抓住两点：发布方所持有的立场、结论、态度、判断等；支持我方立场、结论、态度、判断的论据，主要包括事实、数据、常识、公理、名言等，还可以是一些简单的例子、趣事，乃至图片、文字资料、视频资料等。

（2）找准死穴问题

在负面事件中，要找出那些媒体纠缠不休、又属于该事件的死穴的焦点问题，准备好回答的口径。

（3）提炼新闻语言，说新鲜的话

说读者一听就懂的话，说朗朗上口的话。把核心内容以简洁易懂的语言进行表达，这最能让记者作为标题或导语。

4.2.4.4 不同场景的采访应对

（1）正面回应突击采访

1）基本态度

站在原地以亲切友好的态度回应。

2）回答严谨适度

要让谈话沿着自己预定的轨道进行，尽量重复你的主要信息，从而增加被播出的概率；如果采访的是多个记者，就不要在回答问题时提到任何一位记者的姓名；不要给你的答案编号；只回答重要的问题或问题的一个方面；放慢语速，而且时常通过简短的停顿来强调重点词，这样也给自己留出一些时间去思考；不要让突击采访持续的时间过长。

3）礼貌拒绝采访

选择合适的借口：我很想帮助你完成报道，但我现在不能这么做，因为……；有个会我必须马上参加，我不想对这一问题做简短而又肤浅的回答，给我的办公室打电话安排一个适当的时间吧；我对这个话题并不十分了解，我觉得如果我妄加评论的话，对你和公众都不好。

（2）负面事件中要冷静处理刺激性的问题

充分肯定记者发问的动机，不要引爆他们的不满情绪。紧扣核心问题回答，不要节外生枝。要控制好自己的情绪，不要公开表露烦言。接受采访时重点在于澄清事实和修复形象，不要忙于说服记者撤稿。

（3）巧妙回答“陷阱”式的提问

1）强迫性选择

记者提出一种人为的固定的封闭式问题，等受访者做出非此即彼的选择。对策：受访者千万不要错误地在记者提出的备选项中进行选择。

2）假定方式提问

记者建立一个错误的前提并假定一个实际上不存在的处境。对策：受访者一定要坚持那些众所周知的既有事实，不要讨论所谓“最坏的情况”，不要回答任何假设性的问题。

3）先入为主的问题

记者可能会采用那些具有反面色彩的词汇进行提问。对策：千万不要重复那些具有负面信息的话语，即使你觉得你必须否认这种指责。

4）虚拟旁证

记者引用第三方作为证人，将那些无法求证的言论归咎于他们身上。对策：千万不要和那些看不见的人进行争论或商榷，只需避开这些问题并把话题引到你想要表达的信息上去。

5）带有感情色彩

在谈及遭受痛苦的受害者时，记者们总是善于调动公众的情绪。对策：受访者千万不要以辩解或者怀疑的态度作出回答，较好的方式就是首先表达对当事者的关心和同情，并将话题自然转到与当时的语境相适应的内容。

6）旁敲侧击

用一些提示性的或假设性的言辞来转移话题，让受访人顺着他的思路走。对策：使用桥梁法与记者“周旋”，始终坚持原定的主题以及相关的核心信息。

“桥梁法”的技巧分解：第一步：在此岸先回应记者，针对问题简要作答；第二步：架设桥梁，使用转折词：“不过”“然而”“更重要的是”“我还想说的是”等；第三步：过到彼岸，即阐述你真正想讲的东西。

4.3　演讲沟通

4.3.1　演讲稿的准备

演讲稿是进行演讲的依据，是对演讲内容和形式的规范和提示，它体现着演讲的目的和手段，演讲的内容和形式。

演讲稿是人们在工作和社会生活中经常使用的一种文体。它可以用来交流思想、感情，表达主张、见解；也可以用来介绍自己的学习、工作情况和经验。演讲稿具有宣传、鼓动、教育和欣赏等作用，它可以把演讲者的观点、主张与思想感情传达给听众以及读者，使他们信服并在思想感情上产生共鸣。

4.3.1.1 演讲稿的特点

演讲稿一般具有以下特点。

第一，针对性。演讲是一种社会活动，是用于公众场合的宣传形式。它为了以思想、感情、事例和理论来晓喻听众，打动听众，“征服”听众，必须要有现实的针对性。所谓针对性，首先是作者提出的问题是听众所关心的问题，评论和论辩要有雄辩的逻辑力量，要能为听众所接受并使其心悦诚服，这样，才能起到应有的社会效果；其次是要懂得听众有不同的对象和不同的层次，而公众场合也有不同的类型，如党团集会、专业性会议、服务性俱乐部、学校、社会团体、宗教团体、各类竞赛场合，写作时要根据不同场合和不同对象，为听众设计不同的演讲内容。

第二，可讲性。演讲的本质在于“讲”，而不在于“演”，它以“讲”为主、以“演”为辅。由于演讲要诉诸口头，拟稿时必须以易说能讲为前提。如果说有些文章和作品主要通过阅读欣赏，领略其中意义和情味，那么，演讲稿的要求则是“上口入耳”。一篇好的演讲稿对演讲者来说要可讲；对听讲者来说应好听。因此，演讲稿写成之后，作者最好能通过试讲或默念加以检查，凡是讲不顺口或听不清楚之处（如句子过长），均应修改与调整。

第三，鼓动性。演讲是一门艺术。好的演讲自有一种激发听众情绪、赢得好感的鼓动性。要做到这一点，首先要依靠演讲稿思想内容的丰富、深刻，见解精辟，有独到之处，发人深思，语言表达要形象、生动，富有感染力。

如果演讲稿写得平淡无味，毫无新意，即使在现场“演”得再卖力，效果也不会好，甚至相反。

4.3.1.2　演讲稿的结构

演讲稿的结构分开头、主体、结尾三个部分，其结构划分原则与一般文章的结构原则大致一样。但是，由于演讲是具有时间性和空间性的活动，因而演讲稿的结构还具有其自身的特点，尤其是它的开头和结尾有特殊的要求。

（1）开头要抓住听众，引人入胜

演讲稿的开头，也叫开场白。它在演讲稿的结构中处于显要的地位，具有重要的作用。瑞士作家温克勒说：“开场白有两项任务：一是建立说者与听者的同感；二是如字义所示，打开场面，引入正题。”好的演讲稿，一开头就应该用最简洁的语言、最经济的时间，把听众的注意力和兴奋点吸引过来，这样，才能达到出奇制胜的效果。开场白的技术主要有：① 楔子。用几句诚恳的话同听众建立个人间的关系，获得听众的好感和信任。② 衔接。直接地反映出一种形势，或是将要论及的问题，常用某一件小事、一个比喻、个人经历、轶事传闻、出人意料地提问等与演讲内容衔接起来。③ 激发。可以提出一些激发听众思维的问题，把听众的注意力集中到演讲中来。④ 触题。一开始就告诉听众自己将要讲些什么。世界上许多著名的政治家、作家和国家领导人的演讲都是这样的。

演讲稿的开头有多种方法，比较容易出彩的开场白方式有如下几种。

1）设问式开场白。设问式开场白也叫作“问题引路”，演讲者一上台便向听众提出一个问题，请听众和自己一起思考，这样可以很快集中大家的注意力。如李大钊的《庶民的胜利》，一开始提出几个问题：“我们这几天庆祝战胜，实在是热闹得很。可是战胜的究竟是哪一个？我们庆祝，究竟是为哪个庆祝？我老老实实讲一句话，这回战胜的，不是联合国的武力，是世界人类的新精神。”

对于设问式开头应注意，不能泛泛地为提问而提问，提问的信息要与对象、场合相适应，同时注意内容的新鲜感和兴趣性，而且与后面的阐述紧密相连，能巧妙自然地引出演讲主题。

2）故事式开场白。如果演讲者一开始就讲述奇闻怪事、令人震惊的重大事件或生动感人的故事，相信会很容易引起听众的关注，激发大家的兴趣。要注意的是故事的选择，发生时间为近期，题材新鲜；叙事要简明扼要、短小精悍；事情本身要有针对性，耐人寻味；要与演讲论题密切相关。

3）“套近乎”式开场白。演讲者根据听众的社会阅历、兴趣爱好、思想感情等方面的特点，描述自身经历或工作中遇到的问题，甚至讲自己的烦恼或者喜悦，容易给听众一种亲切感，并引起共鸣。

常用到的开场白还有悬念式、赞扬式、新闻式、道具式、渲染式、模仿式、警策式、幽默式、双关式、抒情式等。

（2）主题要环环相扣，层层深入，这是演讲稿的主要部分。在行文的过程中，要处理好层次、节奏和衔接等几个问题。

1）层次

层次是演讲稿思想内容的表现次序，它体现着演讲者思路展开的步骤，也反映了演讲者对客观事物的认识过程，演讲稿结构的层次是根据演讲的时空特点对演讲材料加以选取和组合而形成的。由于演讲是直接面对听众的活动，所以演讲稿的结构层次是听众无法凭借视觉加以把握的，而听觉对层次的把握又要受限于演讲的时间。

那么，怎样才能使演讲稿结构的层次清晰明了呢？根据听众以听觉把握层次的特点，显示演讲稿结构层次的基本方法就是在演讲中树立明显的有声语言标志，以此适时诉诸于听众的听觉，从而获得层次清晰的效果。演讲者在演讲中反复设问，并根据设问来阐述自己的观点，就能在结构上环环相扣，层层深入。此外，演讲稿用过渡句，或用“首先”“其次”“然后”等语词来区别层次，也是使层次清晰的有效方法。

2）节奏

节奏，是指演讲内容在结构安排上表现出的张弛起伏。

演讲稿结构的节奏，主要是通过演讲内容的变换来实现的。演讲内容的变换，是在一个主题思想所统领的内容中，适当地插入幽默、诗文、轶事等内容，以便使听众的注意力可以保持高度集中，又不会因为高度集中而产生兴奋性抑制。优秀的演说家几乎没有一个不善于使用这种方法的。我们可以声东击西、投石问路、欲正故谬、欲实先虚，来适当地变换和把控演讲节奏，切忌平铺直叙，呆板沉滞，但也要注意避免内容变换过于频繁，也会造成听众注意力涣散。所以，插入的内容应该为实现演讲意图服务，而节奏的频率也应该根据听众的心理特征来确定。

3）衔接

衔接是指把演讲中的各个内容层次联结起来，使之具有浑然一体的整体感。由于演讲的节奏需要适时地变换演讲内容，因而也就容易使演讲稿的结构显得零散。衔接是对结构松紧、疏密的一种弥补，它使各个内容层次的变换更为巧妙和自然，使演讲稿富于整体感，有助于演讲主题的深入人心。

演讲稿结构衔接的方法主要是运用同两段内容、两个层次有联系的过渡段或过渡句。

（3）结尾要简洁有力，余音绕梁

结尾是演讲内容的自然收束。言简意赅、余音绕梁的结尾能够使听众精神振奋，并促使听众不断地思考和回味；而松散疲沓、枯燥无味的结尾则只能使听众感到厌倦，并随着时过境迁而被遗忘。怎样才能给听众留下深刻的印象呢？美国作家约翰·沃尔夫说：“演讲最好在听众兴趣到高潮时果断收束，未尽时戛然而止。”这是演讲稿结尾最为有效的方法。在演讲处于高潮的时候，听众大脑皮层高度兴奋，注意力和情绪都由此而达到最佳状态，如果在这种状态中突然收束演讲，那么保留在听众大脑中的最后印象就特别深刻。

演讲稿的结尾没有固定的格式，或对演讲全文要点进行简明扼要的小结，或以号召性、鼓动性的话收束，或以诗文名言以及幽默俏皮的话结尾。但一般原则是要给听众留下深刻的印象。

4.3.1.3 演讲稿的写作要求

（1）了解对象，有的放矢

演讲稿是讲给人听的，因此，写演讲稿首先要了解听众对象：了解他们的思想状况、文化程度、职业状况如何；了解他们所关心和迫切需要解决的问题是什么等等。否则，不看对象，演讲稿写得再花功夫，说得再天花乱坠，听众也会感到索然无味，无动于衷，也就达不到宣传、鼓动、教育和欣赏的目的。

（2）观点鲜明，感情真挚

演讲稿观点鲜明，显示着演讲者对一种理性认识的肯定，显示着演讲者对客观事物见解的透辟程度，能给人以可信性和可靠感。演讲稿观点不鲜明，就缺乏说服力，就失去了演讲的作用。

演讲稿还要有真挚的感情，才能打动人、感染人，有鼓动性。因此，它要求在表达上注意感情色彩，把说理和抒情结合起来。既有冷静的分析，又有热情的鼓动；既有所怒，又有所喜；既有所憎，又有所爱。当然这种深厚动人的感情不应是“挤”出来的，而要发自肺腑，就像泉水喷涌而出。

（3）行文变化，富有波澜

构成演讲稿波澜的要素很多，有内容，有安排，也有听众的心理特征和认识事物的规律。如果能掌握听众的心理特征和认识事物的规律，恰当地选择材料，安排材料，也能使演讲在听众心里激起波澜。换句话说，演讲稿要写得有波澜，主要不是靠声调的高低，而是靠内容的有起有伏，有张有弛，有强调，有反复，有比较，有照应。

（4）语言流畅，深刻风趣

要把演讲者在头脑里构思的一切都写出来或说出来，让人们看得见，听得到，就必须借助语言这个交流思想的工具。因此，语言运用得好还是差，对写作演讲稿影响极大。要提高演讲稿的质量，不能不在语言的运用上下一番功夫。

4.3.2　脱稿演讲

4.3.2.1　背诵演讲稿

很多人老是抱怨自己记性差，记忆力不好，容易忘词，其实是不懂得正确的记忆方法。错误的记忆方法当然是死记硬背，耗时费力，效果还不好，容易忘。

方法有很多，这里介绍一种“连环紧扣法”。

第一步，把已经定稿的演讲稿按照层次结构划分成清晰的段落。

第二步，熟读演讲稿 21 遍，在阅读时不要去刻意记稿子，只要达到熟练的地步就可以，不过别偷懒，一定要达到 21 遍。为什么是 21 遍呢？因为“72190 法则”告诉我们，一件事情重复 7 次就会对它产生认识记住它，重复 21 次就会养成习惯，重复 90 次就会固化它。

第三步，背第一段，记得后把稿子放到一边面对镜子讲出来，千万不要手拿稿子，这样会产生依赖感。

第四步，单背第二段，不要去管第一段。记得后面对镜子先讲第二段，再把第一段和第二段连起来讲。

第五步，单背第三段，不要去管第一段和第二段。记得后面对镜子先讲第三段，再把第二段和第三段连起来讲，最后把第一、二、三段连起来讲。

第六步，如果还有第四段、第五段等，依此类推，轮到背第几段，就先背第几段，然后对着镜子讲一遍，再以倒推的形式连环起来背。比如讲第四段，那么面对镜子讲时应该是 4—34—234—1234；讲第五段，那么面对镜子时应该是 5—45—345—2345—12345……以此类推。

第七步，上面的步骤千万不要打乱，否则就会把大脑里建立起来的记忆环打乱，一步一步地按照标准来背，会很好地记住整篇稿子。到最后一段背完、按照倒推连环讲完后，再将整篇稿子连讲 7 遍。

第八步，在正式参加演讲前，每天早上、中午、晚上各面对镜子讲一遍。没事的时候可以抽背中间的某一段，以增加娱乐性，也可以固化记忆。

在这里要强调一点，不管通过什么方法记住了稿子，都不要追求完美，追求完美等于追求失败。正式演讲时不管中间讲到哪一段中途忘记了，都将错就错把本段收一下尾，马上跳到下一段（通过连环记忆，下一段你肯定记得），而忘掉的部分即使后来想起来，也不要再提。听众是看不出来的，他们也不知道你哪个地方掉了哪一句，放松地讲就是了。

4.3.2.2　一些注意事项

（1）善用空间

所谓空间就是指进行演说的场所范围、演讲者所在之处以及与听众间的距离等。演说者所在之处以位居听众注意力容易汇集的地方最为理想。例如开会的时候、主席多半位居会议桌的上方，因为该处正是最容易汇集出席者注意力的地方。

反之，如果主席位居会议桌之正中央，则会议的进行情况会变如何呢？恐怕会使出席者注意力散漫了，且有会议冗长不休的感觉？因此，让自己位居听众注意力容易汇集之处，不但能够提升听众对于演讲的关注，甚至具有增强演说者信赖度权威感的效果。

（2）演讲时的姿势

演说时的姿势也会带给听众某种印象，例如堂堂正正的印象或者畏畏缩缩的印象。虽然个人的性格与平日的习惯对此影响颇巨，不过一般而言仍有方便演讲的姿势，即所谓“轻松的姿势”。要让身体放松，反过来说就是不要过度紧张。过度的紧张不但会表现出笨拙僵硬的姿势，而且对于舌头的动作也会造成不良的影响。

诀窍之一是张开双脚与肩同宽，挺稳整个身躯。另一个诀窍是想办法扩散并减轻施加在身体上的紧张情绪。例如将一只手稍微插入口袋中，或者手触桌边，或者手握麦克风等。

（3）演讲时的视线

在大众面前说话，必须能够接受多双眼睛对自己的注视。当然，并非每位听众都会对你报以善意的眼光。尽管如此，你还是不可以漠视听众的眼光，避开听众的视线来说话。尤其当你走到麦克风旁边站立在大众面前的那一瞬间，来自听众的视线有时甚至会让你觉得刺痛。克服这股视线压力的秘诀，就是一面进行演讲，一面从听众当中找寻对于自己投以善意和温柔眼光的人，并且无视于那些冷淡的眼光。此外，把自己的视线投向强烈“点头”以示首肯的人，对巩固信心来进行演说也具有效果。

（4）演讲时的面部表情

演讲时的面部表情无论好坏都会带给听众极其深刻的印象。紧张、疲劳、喜悦、焦虑等情绪无不清楚地表露在脸上，这是很难借由本人的意志来加以控制的。演讲的内容即使再精彩，如果表情总觉缺乏自信，老是畏畏缩缩，演讲就很容易变得欠缺说服力。

控制脸部的方法，首先是不可垂头。人一旦垂头就会给人以“丧气”之感，让听众觉得自己很不自信。而且若视线不能与听众接触，就难以吸引听众的注意力。其次是缓慢说话。说话速度一旦放慢，情绪即可得到稳定，脸部表情也得以放松，再者，全身上下也能够变得泰然自若。

（5）有关服饰和发型

服装也会带给观众各种印象。尤其是东方男性总是喜欢穿着灰色或者蓝色系列的服装，难免给人过于刻板无趣的印象。轻松的场合不妨穿着稍微花哨一点的服装来参加。不过如果是正式的场合，一般来说仍以深色西服、男士无尾晚宴服，以及燕尾服为宜。其次，发型也可塑造出各种形象来。长发和光头各自蕴含其强烈的形象，而鬓角的长短也被认为是个人喜好的表征。站出来演讲之际，你的服装究竟带给对方何种印象，希望各位好好地思量一番。

（6）声音和腔调

声音和腔调乃是与生俱来的，不可能一朝一夕之间有所改善。不过音质与措辞对于整个演说影响颇巨，这倒是事实。根据某项研究报告指出，声音低沉的男性比起声音高亢的男性信赖度较高。因为声音低沉会让人有种威严沉着的感觉。尽管如此，各位还是不可能马上就改变自己的声音。总之，重要的是让自己的声音清楚地传达给听众。即使是音质不好的人，如果能够秉持自己的主张与信念的话，依旧可以吸引听众的热切关注。

说话的速度也是演讲的要素。为了营造沉着的气氛，说话稍微慢点是很重要。标准大致为每 5 分钟诵读 3 张左右的 A4 纸稿件，不过，要注意的是，倘若从头至尾一直以相同的速度来进行，听众会睡觉的。

4.3.2.3　如何结束演讲

1）重申你在演讲开头提出的许诺。重新向观众阐述你的许诺是什么，并总结一下你如何实践了它。

2）讲个笑话。现在听众已经了解你了。这样，如果他们带着愉快的心情离开会场，他们会对整个演讲留下愉快的印象。

3）提出问题。

4）以致敬来结束演讲。表达敬意，但不必感谢。例如，“今天在场的都是非常棒的观众，我希望你们在此学到了使自己演讲更精彩的方法。”

4.3.3　即兴演讲

即兴演讲，就是在特定的情境和主体的诱发下，自发或被要求立即进行的当众说话，是一种不凭借文稿来表情达意的口语交际活动。演讲者事先并没有做任何准备，或者只是简短地准备，随想随说，有感而发。

4.3.3.1　克服紧张

即兴演讲时有紧张情绪是再正常不过的事了，如何克服才是关键。下面整理的关于克服上台演讲紧张发抖的办法，希望能帮到你。

（1）自我陶醉

在演讲时，面对满场听众，有时会因精神紧张而出现语言表达失误的情况。这时可以假想一下自己已经获得成功的情绪，就会信心倍增。

（2）呼吸松弛

在演讲前，运用深呼吸松弛紧张情绪的办法简便可行。具体做法是站立、目视远方、全身放松，做深呼吸。这样就可缓解演讲时的紧张情绪。

（3）自我调节

为了消除紧张情绪，可在演讲前通过创设良好的外界环境，使自己的情绪得到放松。如在演讲前，听一首轻松愉快的乐曲，或者是看一些令人捧腹的幽默故事等。

（4）心里选择一句话做暗示

大家应该看过《三傻大闹宝莱坞》，对那句“一切皆好“应该会很有印象。这其实就是一种暗示，暗示自己提升自信应对紧张情绪。所以你也可以选择一句话在心中默念。

（5）注意转移

为了消除演讲前大脑的紧张状态，可以有意识地把注意力转移在某一个具体的物件上。比如，可以欣赏会场的环境布置，也可以与人闲谈，借以冲淡紧张的情绪。

（6）对着镜子关注自己

谁能让你最无拘无束，当然是面对自己的时候。适当的时候看到自己的容貌有增强自信的作用，比如看到镜子里的自己，你就可以调整自己的精神而变得很自信，这样紧张就缓解了。

（7）松弛脸部肌肉

一个人如果很紧张，脸部也会绷紧。这时候表情不自然，其实对应的适当松弛脸部肌肉可以缓解你的紧张。比如左右上扬嘴角，或者采用微笑的姿势运动脸部肌肉，都能让你适当缓解紧张情绪。

（8）语言暗示

语言的暗示也是多种多样的，它包括自我暗示和他人暗示。比如演讲前可以这样暗示自己：“今天的听众都很熟悉，没必要心情紧张”“我准备得很充分，很有信心”“你能行！我们等着为你的精彩演讲喝彩”……通过语言的暗示，从而消除紧张的情绪。

（9）回避目光

作为一个演讲者，心情难免紧张，特别是听众的某些偶然因素也会人为地造成紧张情绪。比如某个听众发出一些声响，就会引起演讲者情绪的波动。这时，你就应该转移目光，或者采取流动式的虚视方法，有意识地避免目光对视，以保持良好的心境。

4.3.3.2 “三”的法则

“三”的法则——人们有可能只会记住你演讲中的三件事。

（1）听众或许只会从你的演讲中记住三样东西，都是什么呢？提前做好计划！

不管你信不信，听众只能记住三点与你演讲有关的内容。因此在开始写演讲稿之前，就要确定好你最关键的三条信息。一旦你确定了这些信息，围绕这三个主题构建你演讲的主要内容并考虑如何更好地阐述。

（2）你的演讲包含三个部分

开场、正文、结尾。开始规划你要在这三部分讲什么，典型的开场就是吸引注意力或是破冰，结尾可以把所讲的内容回顾一番或是来一个压轴戏。

（3）演讲中尽可能将观点列为三点进行表述

列为三点这种方式已经从过去沿用至今，它们熟练地被政治家和广告制作人用来销售他们的理念，因为他们深知“三的法则”的价值。

“我来了，我看见，我战胜”——凯撒大帝。

“朋友、罗马人、同胞，请听我说”——丘吉尔。

“我们的重点是教育、教育、教育”——布莱尔。

“一停二看三听”——公共安全宣传语。

有关“三”的法则享有盛名的就是丘吉尔的“血、汗和泪水”的演说，人们普遍认为他当时说的是：我能奉献的唯有血、汗和泪水，实际上他说了什么呢？“我能奉献的唯有血、汗、辛劳和泪水”，因为“三”的法则我们仅仅只记住了血、汗和泪水。

（4）在演讲中“少即是多”

如果你有四个要点要阐述——那就去掉一个，他们是无论如何也记不下那个的。在演讲中“少即是多”，没有人会因为一场演讲太过简短而抱怨的。

4.3.3.3 即兴演讲的一种训练方法

下面给大家介绍一种即兴演讲的训练方法：散点连缀法训练。

散点连缀法即将几个表面上看似没有关联的，甚至毫不相干的景物、词语，通过一定的语言表达方式，巧妙地连缀起来，组合成一段话，表达一个完整的意思。

如：校友、咖啡、遭遇。

这三个词语，看似毫不相干，但通过散点连缀方法，可以即兴演讲组成如下一段话。

在一次校友会上，我们几个老同学聚在一起聊天，主人问我喝什么饮料，我说来杯咖啡吧，咖啡加点糖，甜中有苦，苦中有甜，二者混在一起有股令人回味无穷的滋味，我想这正好与我们这代人的经历遭遇相似，分别几年了，我们都已经走向了不同的岗位，回想起来，真是有苦有甜啊！

其实无论多么散的事物，只要我们认真研究它们之间的关系，给它一个恰当的思想，总能把它们结合起来，表达出一个观点。这种训练方式非常有效，同学们可以平时在生活中经常运用。

下面给大家出几组词语，要求同学们快速组合成一段话，并能表达出一个中心思想，如果能够引出一段有回味的故事更好。

各位可以试试你的即兴构思能力。

1）深圳、李白、口才、尿裤；

2）黄河、白板、水瓶、黑熊；

3）沙滩、钢笔、衣服、酒水；

4）外星人、狐狸、天空、电灯；

5）学习、信封、瀑布、奥巴马；

6）马、剑、雨、床。

各位也可以自拟题目，题目注重随机性，不要刻意创造，然后展开即兴构思。

第5章
沟通的障碍

管理活动中的沟通障碍是指在信息传送和流通的过程中，因为管理者与其管理对象之间、管理者与管理者之间以及管理对象与管理对象之间受到对信息意图的干扰或误解导致沟通失真和受阻的现象。

从管理活动的实践分析来看，沟通障碍主要来自三个方面：发送方障碍、接收方障碍和信息传输渠道障碍。

首先，让我们谈谈发送方的障碍。它指的是交流中的感受、倾向、个人感受、表现力、判断力等，均能影响信息的完整传输。其主要的表现形式是表达能力不佳、信息传送不全、信息传递不及时或不适时、知识经验的局限、对信息的过滤。从信息发送者的障碍分析，主要包括角色障碍、语言障碍、形象障碍等。

再次，我们说说信息接收方存在的障碍。从信息接收方的角度来看，影响信息沟通的主要因素包括信息译码不准确、对信息的筛选、对信息的承受力、心理上的障碍等。从信息接收者的障碍分析，主要包括个性障碍、习惯障碍、心理障碍等。

最后，我们说说信息沟通通道的障碍。主要包括选择沟通媒介不当、几种媒介相互冲突、沟通渠道过长、外部干扰等。从信息沟通通道的障碍分析，主要包括空间障碍、时间障碍、组织障碍等。

就管理工作中的沟通障碍来看，它具有以下特点。

一是目标化。管理沟通一般是指为了达成特定的目标才发生的行为，如果特定目标没有形成一致意见，就会出现了管理目标的沟通障碍，例如，我们经常遇到的所答非所问。所以说，管理沟通中的障碍有目标化的特性，失去共同的目标，就会造成管理沟通的障碍。

二是互动化。管理沟通是通过沟通与交流来实现其职能的，其间，沟通的主体之间有一个信息交流、信息转化的过程。如果沟通的主体互动不畅，就会发生管理沟通的障碍。所以管理沟通造成的障碍有互动性的特点，是相关作用形成的。

三是成本化。发生管理沟通障碍，就可能会对单位的管理活动造成危害，比如造成单位的不和谐、效率低下、决策失误和成本上升。这就是管理沟通障碍造成的管理成本损失，为此管理沟通逐渐走向精益化和成本化。

四是便捷化。管理沟通过程中，沟通的个体应该是积极、主动的主体，不存在客体情况。因此在管理沟通过程中，信息发出者须认真接收并分析接收方的信息，同时预期从信息接收方得到新的信息。因此管理沟通要求尽量便捷化、简洁化。

五是一体化。只有发送方和接收方拥有统一的编码和解码系统，才能实现信息交换带来的通信效果。这个法则用一般的话说，就是要使用双方都熟悉的同种语言说话。

六是直观化。在我们这个信息化、数字化、智能化的时代，虽然互联网将全球变成了一个虚拟空间站，但是，我们却感觉人与人之间感情疏远了。虽然可以通过手机随时进行联络沟通，但不少人因其便捷而忽视了最温馨、最有效的面对面的直观化沟通。毕竟，虚拟空间是虚拟的，不能取代内部交流。在许多单位，管理者和员工之间、员工相互之间都存在着无形的障碍，这些障碍往往阻碍了他们的正常沟通和沟通，对提高整个单位的效率、形成凝聚力和团队合作造成负面影响。

综上所述，沟通管理是管理者的一门必修课。管理者的责任就是要识别这些障碍、采取措施疏通或消除这些障碍，使单位、个人之间的管理沟通畅通无阻。只有不断清除堵塞管理沟通的“垃圾”，才能打造出一支上下通力合作、协同作战、战无不胜的企业经营管理团队。

5.1 信息发送者的障碍

在管理活动中，成功的沟通是指无论是讲话者发出信息，还是听者接收后的反馈信息，双方都互相理解并付诸实施。管理沟通是管理工作关系中最重要的部分，管理者通过人际关系交流发出指示、获得反馈、予以鼓励、进行督导、解决问题。在管理活动中，如果管理者不能有效地进行沟通，就会给管理活动的成功造成巨大障碍。信息发送者的障碍主要包括对方的打断、信息量过大、议题太泛或太夸张、指责对方、过早做出评判、冷嘲热讽、不佳的聆听习惯、粗劣的讲话或书写技巧、过于匆忙的信息发送、对听众或信息持消极态度等。

概括起来，在管理沟通中，信息发送者的障碍主要包括以下三个方面，一是目的不明，导致信息内容的不确定性和角色失当，从而造成角色障碍；二是表达模糊，导致信息传递错误，从而造成语言障碍；三是选择失误，导致信息误解和形象失真，从而造成形象障碍。

5.1.1 角色障碍

角色是戏剧名词，其本意是指戏剧舞台上依剧本所扮演的某一特定人物的专门用语。在社会大舞台上，我们每个人都扮演着不同的角色，并按照社会对角色的定位和规范履行相关行为。由于社会角色不同、共同语言缺少，可能会造成沟通困难，这就是角色障碍。在企业管理活动中，不同角色的管理者，所担负的使命和想达成的目标是不同的，如果掌握不好沟通的策略，就无法把自己的思想准确地表达出来，从而造成管理沟通的角色障碍，影响管理活动的效果。

5.1.1.1　形成原因

国内外的研究成果表明，管理活动中 70%的错误是由沟通不善造成的，而其中不少是角色定位不当造成的沟通障碍。我们经常发现，社会地位的不同，可能会造成人们价值与观念的不同，从而造成沟通的困难；另外，职业的不同，也会造成沟通的障碍，就是我们常说的“隔行如隔山”；年龄的不同，也可能会形成沟通的障碍，就是我们常说的“代沟”。

从目前的研究成果分析，管理沟通中存在的角色障碍的主要表现形式包括以下几个方面。一是人际关系型角色障碍。主要是由管理沟通双方的文化差异、性格差异、思想认识偏差造成的。二是信息失真型角色障碍。主要是由管理沟通双方的信息丢失、缺乏信任、信息失真造成的。三是管理失误型角色障碍。主要是由管理者武断决策、管理者资源调配不当、管理者丧失主动权造成的。

5.1.1.2　关注要点

在管理沟通过程中，我们必须扮演不同的社会角色，拥有不同的企业身份，使用不同的管理沟通工具并且运用适当的管理手段。在管理沟通中，开展沟通的角色应该具有弹性、灵活性和适应性的变化。在管理沟通过程中，我们必须肯定和欣赏沟通对象的性格、意识和道德修养、主观愿望和行为动机，纠正某些行为的后果和细节，但不能攻击对方的人品、道德、主观愿望或行为动机。

在管理沟通活动中，造成角色障碍的主要原因是管理沟通主体的可接近性差，主要表现为位居高位的沟通主体不容易接触，位置较低的沟通主体有需要仰视，产生不容易亲近的感觉。此外，管理沟通主体的性格不同也可能造成沟通的障碍。

◎ 案例 1 做好角色的转换

研究表明：对企业员工的工作绩效影响力，企业高层为 0，而真正决定他们能否做出成绩的是直接上级，主要是班组长，他们的影响力达到 40%。企业高层的作用发挥，就是把合适的人摆在正确的位置上，调动中层管理者的潜力和作用。而中层管理者如果想做好管理沟通，就要进行角色的转变，需要走出办公室，为一线员工提供支持和服务，而不是发号施令，工作的场所需要从自己的办公室转移到员工的身边。做到以员工为中心和导向，做好工作沟通，为一线员工提供业务指导，为上级领导提供决策支持。

相反，如果中层管理者不进行角色转变，无法走出自己的办公室，始终保持高高在上的角色，就会影响管理沟通的效果，形成管理沟通的障碍。

◎ 案例 2 了解习惯的不同

某核电企业近期对内设部门进行了一系列的人事调整。其原因是工程部李经理工作缺乏主动性，只有当员工遇到困难找他时，他才进行礼节性的沟通，并且与性格内向的员工进行沟通时，不理解员工的习惯特征，经常产生不愉快的争论。而项目部胡经理则是不尊重员工的个人习惯特征，常常导致沟通障碍，在决策上主观臆断，常命令下属按照其自己的偏好完成任务；另一方面，部门大多是年轻人，思维活跃，纪律相对散漫。由于年纪和性格上的巨大差异，胡经理不了解这些年轻的下属的习惯，在沟通上也存在障碍。

◎ 案例 3 理解文化的差异

某核电企业，员工来自不同省市，由于生活习惯、价值观等千差万别使员工平时的沟通很不顺畅，误解抱怨和纠纷不断。于是培训部门就对这些员工进行集中培训。

考虑到这些人作为新员工的特殊身份，培训教员首先向他们讲述了公司的发展史及现状，对于公司的员工守则进行讲解，发放相关问卷调查。在调查中要求新员工们列举出自进公司以来，与同事们在交往过程中自己感受到的不同态度、处事方法等，同时给出个人对于同事、领导在工作中的心理预期。

经过培训，这些员工之间的沟通比以前顺畅多了，即使碰到障碍，也能按照培训教授的做法解决了。

由此可见，理解文化差异和习惯不同，就会扫除沟通的角色障碍，从而达到沟通的效果。总之，如果不做好角色的转换，不了解习惯的不同，不理解文化的差异，在管理沟通中，就会造成沟通的障碍，形成沟通的壁垒，直接影响管理工作的成效。

5.1.1.3　解决措施

（1）学会换位思考

在沟通过程中尤其是管理沟通中，解决角色障碍的最好办法就是换位思考，多去理解对方。对于沟通对象的理解包括六个层次：环境、行为、能力、信念、身份、精神，层次的划分如图 5-1 所示。

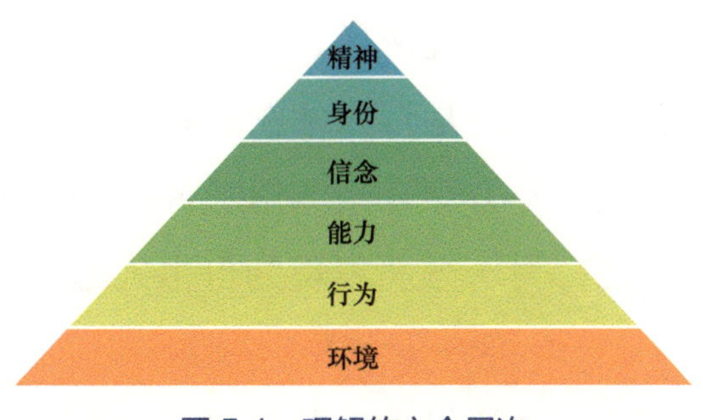

图 5-1　理解的六个层次

研究表明，在沟通理解的六个层次中，环境属于来自外部的客观因素，与沟通对象没有直接关系，环境因素是难以改变的因素，而行为因素则是可能改变的因素，能力因素又归属可以进行选择的因素，而精神、身份和信念三种因素则属于人格方面的内容。

在管理沟通中，我们要关注理解六层次的应用方法，例如，对于员工反馈的关于设备仓储管理的相关报告，领导者如果感觉还未达到理想状态，应从以下六个方面进行纠正，且绝对不能出现攻击员工人品等行为。

首先从环境方面，分析货仓的数据资料是否齐全完整。其次从行为方面，判别报告中有没有存货流动率的分析。再次从能力方面，分析下属是否已经掌握存货流动率等知识内容，如果不会做，领导者可以借助专业知识帮助解释。然后从信念方面，评价下属是不是一个诚实可靠的员工。从身份方面，确认下属是否适合担任设备仓储部经理的职位。最后从精神层面，肯定下属对公司做出的贡献，激励下属发挥更好的作用。

（2）学会角色应用

在管理沟通的过程中，我们要做好三种角色的转变应用，分别是父母式意识、成人式意识和儿童式意识，我们称之为 PAC 理论，这是管理沟通中相互作用的原理。

首先是父母式意识，当管理者比沟通对象更强时，往往会产生这种意识。主要表现为批评式父母，比较霸道、野蛮、蛮横，对方必须服从；哺育式父母，与对方商量，通过诱导、商量解决问题。

其次是成人式意识，指的是双方站在平等的角度上相互探讨问题。

最后是儿童式意识，一方面表现为适应性意识，弱势的对方在任何情况下都愿意服从自己；另一方面表现为自由式意识，弱势的对方敢于抗争到底。

在管理沟通过程中，建议管理者首先采用成人意识，保持理智、客观、平等，做到对话、互利、共赢；其次采用适应式儿童意识，保持对方良好的配合度，形成相互作用性。最后采用不同的管理沟通技巧和方式，所表达的含义不同，取得的管理沟通效果也不同。

（3）学会适应场景

在管理沟通中，我们可能会遇到不同的沟通场景，如线上沟通、社交场景、销售场景、工作汇报场景等。不同的场景需要不同的沟通方式和技巧，作为管理者，我们要适应不同的场景，根据场景的不同，选择恰当的沟通方法。

俗话说得好，在什么山上唱什么歌，拿什么钥匙开什么锁，在什么场合说什么话。任何一次管理沟通都要考虑特定的场合，在特定场合中，氛围是不同的，人们的情绪也是不一样的，当然，对问题的理解和感受自然也不同。即使是管理沟通，你面对的对象不同，沟通的内容也会跟着改变。

因此，在即兴发言中，对场合和氛围的把握十分关键。只有场合把握好，才能找对情绪，筛选出适当的话题，才会说对话，从而引起大家的共鸣。

孔子在《论语·季氏》中讲："言未及之而言谓之躁，言及之而不言谓之隐，不见颜色而言谓之瞽。"这句话有三层意思：一是不该说话的时候说了，叫急躁；二是应该说话的时候却不说，叫隐瞒；三是不看对方的神情变化，说了，叫闭着眼睛瞎说，谓之瞎子。

要想避免这些问题，具体来说怎么办呢？

首先是根据不同的场合选择不同的话题。在一场即兴发言中，如果有一定的时间，不管是长是短，都要根据现场准备好话题和包袱。一个人只有对自己的话题稍作准备，才不会"嘴里跑马"，即不知道自己的话跑到哪里去了。有时候，嘴巴会比你的脑子快，想要控制嘴巴，先对话题进行控制是很有必要的。

其次是根据现场情况，随时调整话题。你需要随时注意现场的变化，别人说了什么，受众是什么反应，情绪如何，根据这些及时变更自己的话题。有些话题，可能别人讲过了不能用了，有些则需要进一步展开，有些则需要调换顺序。只有这样，你的话题，才能跟得上场合变化，才会是新鲜出炉的，带着浓郁的吸引力，真正打动在场者。

最后是根据具体场合，学会活跃气氛。一个人大脑中会积累很多的“包袱”，这些包袱是固定的，需要根据现场再加工。否则生搬硬套，就会出现所谓的“冷笑话”“冷场”。所以，在抖包袱之前，你需要活学活用，自己说了什么，受众有什么反应，因势利导，再到节骨眼时抖出包袱，这样就不会让人觉得突兀了。

5.1.2 语言障碍

语言是人类工作、生活中最重要的社交工具，它同人的思维有密切的关系。人们借助语言来完成保存和传递人类文明成果的目的，同时也通过语言这一本质特征来区别于其他动物。

在一个单位中，尤其是外资企业里，可能有来自各个地域的人，各地区语言差别大，有时互相听不懂。如果沟通双方缺乏必要的事前准备，就会引起不同的理解，造成语言障碍。

5.1.2.1 形成原因

管理沟通中的语言障碍，主要包括信息接收者个人在接收的过程中的主观原因、语言发送者表述方式所形成的障碍、不同语种之间造成的沟通屏障、语言的语义差别形成的障碍。

5.1.2.2 关注要点

◎ **案例 1** 善用比喻

经常有外部人员来参观核电厂，大多数来宾对核电厂不太了解，比如我们向来宾介绍主控室时就会说：“如果把整个核电厂比喻为一架飞机，那么主控室就是驾驶舱，主控室操纵员就是驾驶员，只不过驾驶员是操控飞机的，我们的操纵员是操控反应堆的。”

将比喻用好了，可以大大提升沟通的实际效果。我们常说的比喻，是以彼物比作此物。也就是我们本欲说明一个事物，不直接说，而是借助说明另外一个事物来达到实际的目的，以此减少可能造成的理解障碍。

比喻用得好，就能给语言套上一轮光环，让语言变得生动、形象，富有感染力。同时，我们在使用比喻时要关注以下细节。

一要近似。比喻的本体和喻体既有不同，又有相似之处。二要通俗，喻体要浅显易懂、生动有趣。三要创新，不能人云亦云，要在那些为人熟知比喻的基础上进行创新、创作。

◎ 案例 2　注意语境

何为语境？语境是人们通过语言进行人际交流的外部环境。从字面看，单指语言交流的环境，其实我们也把一些非语言因素纳入语境的范围，因此产生了狭义和广义两种语境定义。

总的来说，语境既包括语言因素，如作品的上下文或说话的前言后语等，还包括非语言因素如交际的时间、地点、场合、时代、交流对象以及社会、文化背景、自然环境、语体环境等。从管理沟通的角度来讲，所引用的是广义的语境，也即“大语境”。

语境对管理沟通的作用主要表现在“制约”和“解释”这两种功能上。我们在管理活动中进行沟通时，语言环境的组成要素是表达者、接受者以及沟通时的客观环境。语言环境在管理沟通中起到重要的作用，只有运用恰当语境的语言，方能达到预期的效果。在此过程中，语境可以让语言形式与特别含义关联起来，语言接受者只能在特定语境中将语句更好地“解码”，从而把握较为准确的会话含义。从这层意义上讲，语境在我们的语言表达过程中起到了“制约”功能，并有以下表现形式。

第一种表现是差异性。虽然是同一句话，但在不同的语境中有不同的含义。例如“下雨了”这一句话，它的字面含义是一种自然现象，如果我们在外面散步，感受到雨滴的凉意，随口说“下雨了”，是在说一种客观现象；但是，如果我们是在早晨要送孩子去学校时，这句话就有提醒孩子带好雨具的含义。

第二种表现是趋同性。两句不同的话，却可以表达相同意思。例如，妈妈对儿子宠溺地说“小坏蛋”和“乖儿子”，她表达的是同一个意思，都是表达妈妈对儿子的喜爱。

第三种表现是简略性。在管理沟通中，我们会根据语言经济的原则，省略一些词句，但并不影响意思的表达。

因此，我们在管理沟通中，要把握好正确的语境，才能达到良好的沟通效果。

◎ **案例 3** 语言通俗

一位医生给老干部看病，发现是双肾结石，就安慰老干部：“能感到痛就不用怕，有疼痛感的往往是良性病变，您这是肾结石，放心。身体如果没有痛感，比如无痛性黄疸、无痛性血尿，则恶性肿瘤可能性很大。如同一对夫妻，如果天天大吵大闹，并不会离婚，因为双方还很在乎；如果夫妻双方不吵不闹了，都沉默了，反而表示形势恶化了，要离婚了。”深奥的医学道理被医生用通俗易懂的语言阐述得清清楚楚。

俗语云，弹琴看听众，说话看对象。我们在说话的过程中心中要有听者，认识到自己是讲给他们听的。如果对方不是专家学者，就必须使浅显易懂的语言的词句，减少专业术语的使用，更不可咬文嚼字、故作高深，否则就不易被接受者所接受。

如果听者是具有较高文化素养的人，遣词造句可以稍加文雅，让自己的谈吐与他们的水平相当，当然绝不能之乎者也。语言讲出来要让别人听懂，这是对语言的基本要求。相反，语言不准确，意思表达得不清楚，就不能反映出现实面貌和思想实际，不能为听者所接受。

所谓规范化的语言就是“统一的、普及的；无论在它的书面形式或口头形式上，都具有明确的规范和汉民族共同语”，对一些外来词语要少用、慎用。特别是考虑到讲话者的特殊身份，在语言上更要通俗易懂。

所以，在管理沟通时，尤其是大庭广众下讲话时，更应该使用口语化的语言。口语化指的是多用简洁明快的短句，少用冗繁复杂的长句和欧化的倒装句；多用通俗易懂的常用词，减少某些特殊专业的非常用词句，多用音节清晰、语调铿锵、易于听懂的词句，同时运用社会流行的富有生气和活力的新词语。

5.1.2.3　解决措施

在管理沟通过程中，选择直观有效的沟通语言是非常重要的。比如对于刚入职的新员工，不是很了解公司的情况，因此在交流沟通的时候，表达者应该学会多阐述，多解说，使其了解公司的基本情况，然后才能更有效地交流；而对于经验丰富的老员工，表达者在沟通时，则更应该表现“虚心请教”的语气，使其明白自己较高的地位，以便更积极地交流。

（1）规范语言行为

在管理沟通中，沟通双方要表达清晰，发音清楚；使用简单的句子和活泼的语言；讲话要简明扼要，重点突出；善用比喻，让对方一听就明白。

（2）规范非语言行为

在管理沟通中，沟通双方要运用视觉表述方式，比如图片、图形、表格以及幻灯片等形式；表达时运用较多的面部表情和手势来强调单词的含义；同时用行动来对一些主题进行表演和展示；以及尽量将语言表述总括为书面的总结。

（3）关注小技巧应用

在管理沟通中，沟通双方要多互动，询问对方是否理解；将你的讲话内容划分为小模块，方便对方接收信息；多些耐心，多些激励。

5.1.3　形象障碍

在管理沟通中，沟通障碍有个首因效应，又叫第一印象，是指在应聘面试、参加重要会议等活动中，第一次见面，为了给对方留下良好的第一印象，人们都喜欢将自己打扮得干净整洁。

如果参会者尤其是发言者形象不佳，也会对沟通形成障碍。一个人的外表和形象在管理沟通中起着重要的作用，经过精心打造的个人形象会散发出一种与众不同的气韵，这是成功沟通的重要内容。如果一个人形象不加注意，外形散漫、邋遢，就会影响沟通效果，造成沟通中的形象障碍。

5.1.3.1　形成原因

在管理沟通中，个人形象可以传达人的思想和感情，而且它所传达的信息是十分客观的，心理学家有一个有趣的公式，一条信息的表达等于 7%的语言，加上 38%的声音，再加上 55%的人体动作。可见人们获得的信息大部分来自视觉印象。如果信息传播者不注意个人形象，就会影响受众的情感和沟通效果。

5.1.3.2　关注要点

◎ **案例 1**　善用形象语言

对管理沟通者来说，形象语言因其独特的有形性可视性和直接性具有不可低估的特殊价值。

形象语言，是指通过眼神、面部表情、手势姿势等将有神语言形象化、生动化，以达到先声夺人、耐人寻味的独特效果。通过形象语言能充分弥补语言表达上的不足，并帮助接受者深刻准确地把握语言意思，防止因语言表达的空乏而带来的误解，灵活有效地运用体态语言给频繁发挥的有声语言润色，就会避免因语言不详而导致的语言沟通中的麻烦和障碍。

在管理沟通活动中，形象语言不仅能与有声语言互为补充，也是个人内在气质、风度和人格的体现；在人际沟通中，人们不仅通过体态动作去衡量他人的价值，也通过自己的动作和姿态来表现个人的风度，大方得体的体态风度能帮助谈话者建立良好的第一印象，使其形象符合对方的期待，拉近了沟通双方的距离，决定了沟通活动是否能有效地展开。

如求职应聘时求职者的形象气质风度俱佳，能在主考官的脑海里留下好的印象，后面的面谈就更容易些。假如求职者不修边幅，大大咧咧或者拘谨胆怯，体态不自然，手脚无处放，在主考官心目中的印象不佳，以后要改变这种印象则需加倍地努力。总之，管理活动中的人际沟通离不开体态语言，只有有声语言和体态语言紧密配合，才能达到沟通交流的目的，取得管理沟通的效果。

◎ **案例 2** 善用视觉行为

在管理沟通中，我们的表达方式包括文字、语言、视觉和行为。文字、语言属于传统的表达方式，视觉和行为是通过感官进行的表达方式。

相关研究表明，我们在几秒钟就可以对他人的产生第一印象。因此，我们在与他人初次见面时，往往会用极短的时间打量别人，以此快速得出对他人的第一印象。

我们在初次与别人接触时，多是保持微笑的，在此期间，也多会选择恰当的语言、合适的行为，以让对方建立良好的第一印象。良好的第一印象固然重要，但是继续保持也是不可缺少的。

◎ **案例 3** 善用社交礼仪

在我们的管理沟通中，社交礼仪在其中扮演重要角色，它是一门艺术，也是一种个人技巧。

在管理活动中，企业对外形象的表现形式包括产品形象、员工形象和企业环境形象。管理者作为员工中重要成员，是企业最重要的因素和资源，在管理沟通过程中，管理者的仪容仪表、言谈举止不仅表现出个人的气质和风度，也在一定程度上代表了企业的形象。因此，管理者形象是企业精神最重要的体现。管理者形象包括内在、外在两种形象。外在形象通常指穿衣打扮，而内在形象则包括言谈举止、为人处世、人际交往等内容，这就涉及礼仪的内容。

从日常的管理沟通实践来看，适当的礼仪是我们进行管理沟通的重要方式或方法，是尊重对方、表示友好的普遍行为，也是管理沟通的重要技巧。

总之，善用社交礼仪，是企业管理者所必备的素质，是展现企业精神面貌的重要方式，是体现企业形象的重要桥梁。在重视国际化、现代化的企业里，都十分重视社交礼仪的应用，并将其作为企业文化的重要组成部分。

5.1.3.3 解决措施

在管理沟通中，树立良好的外部形象十分重要。良好的第一印象是取得沟通成功的重要通道和桥梁，其间，我们还要重点关注以下几个方面。

一是形象要有美感。仪表之美是人类与生俱来的天然美。现代社会中，人们习惯用美的标准来观察人、评价人、选择人，具有仪表美的人往往为自己赢得了获取成功的初始机会。

二是表达要有情感。幽默、乐观、情趣的语言可以让我们树立良好的形象，但是，又如何让我们的语言有温度、有情趣呢？一是在管理沟通中多选择暖色调的词汇，例如“您好”“谢谢”“您请”等字眼，这些富有色彩的字眼可以在我们的管理沟通中起到润滑油的作用。二是在管理沟通中多注意我们声调的变化，其中的高低、快慢、起伏与轻重都可以让我们沟通的情感丰富起来。

总而言之，在管理活动中，良好的个人形象是在有效的管理沟通中逐渐树立起来的。我们想要做到成功的管理沟通，就必须使被沟通对象感到舒服，愿意和你展开交往，认为和你沟通是一件很快乐的事。

5.2　信息接收者的障碍

在管理沟通中，信息接受者的障碍主要包括以下三个方面，一是个性原因致使思想观念上的差异，导致信息的误解，从而造成个性障碍；二是习惯原因致使信息理解的偏差，从而造成习惯障碍；三是心理障碍，导致信息的阻隔或中断。

5.2.1　个性障碍

在管理沟通中，我们常说的个性障碍，是指性格孤僻、性情乖戾、不善交际、优柔寡断、缺乏毅力、办事武断、鲁莽冲动等弱点。这些性格特征，都有可能造成沟通的障碍，影响管理沟通的效果。

5.2.1.1　形成原因

在管理沟通中，造成个性障碍的原因主要包括以下几个方面：一是容易自满，总认为自己是最好的，应该成为别人学习与效仿的样板；二是性格保守，在管理沟通中，全凭过去的工作经验，不去尝试新东西、新事物；三是个性怯懦，前怕狼后怕虎；四是性格懒惰，从不考虑改变和提升自己；五是性格孤僻，不愿意与陌生人打交道；六是自以为是，总是处理不好与同事的关系；七是性格狭隘，存在严重的自恋情绪；八是个性自私，在对外交流中，总想占便宜；九是容易骄傲，取得一点成绩就会忘乎所以；十是容易冲动，随便许诺，信口开河。

5.2.1.2　关注要点

（1）偏执型个性障碍

这种个性是以猜忌和偏执为主要特点。一般容易表现出猜疑、不信赖或者疑惑他人、过分警戒与防守的特点，强烈地意识到自己的主要性，将四周发生的事件解释为“诡计”，常常有不合乎事实的先占观念。同时过于自信，将挫折和失败归咎于他人，容易发生病感性嫉妒，无法体谅他人，长期耿耿于怀，经常与人发生争执，人际关系较差。

（2）决裂型个性障碍

这种个性独特表现在观点、外貌和行动方面，处理人际关系上存在明显缺陷，同时在感情上以冷漠为主。这种个性对喜事缺乏高兴感，对生活缺少热忱和兴致，性格孤单古怪，刚愎自用，缺少知音，很少与人交往，因而也较少与人产生接触。

（3）冲动型个性障碍

这种个性又称为暴发型或袭击型的人格障碍。通常以行为和情绪存在显著的激动性为主要特点。常常不能自控，易与他人发生矛盾。然而在发生矛盾之后能意识到自己的错误，存在间歇期普遍表现畸形。

（4）依赖型个性障碍

这种个性的主要表现是十分依赖别人、缺乏自信心；遇到需要处理的事项缺少个人主见，习惯于依靠他人出谋划策或进行决断。

（5）表演型个性障碍

这种个性好情感用事，表面上显得热情、讨人爱好，实则缺乏真挚情感。行为特点表现为大吹大擂，矫揉造作。他们依附性强，渴望得到别人的照料，却很少为别人着想。他们的生活追求刺激，时常充满戏剧性。

（6）逼迫型个性障碍

这种个性是以要求严格和完美为主要表现形式。具体有以下特点：一是存在不确定性。总是感觉所面对的世界不确定，用自己制订的“法则”来加以抗衡，拘泥于外部的形势和次序，做事刻板执拗，不能随机应变，作风僵化；二是存在不安感，害怕被忽视和犯错误，容易自我猜忌；三是存在求全心理和自负心理。

（7）反社会型个性障碍

这种个性最明显的行为特点是疏忽社会道德标准、行为准则和任务，没有恻隐同情之心，对他人的感受不闻不问。这种人的智力发育良好但容易被激怒，常发生冲动的行为，而且即便给别人造成苦楚，也很少会感到内疚，缺乏负罪感，也因此常发生不负责任的行为，甚至是守法乱纪的行为，虽屡受处分，也不易接受教训，屡教不改。临床的表现是缺乏自我把持能力。

5.2.1.3　解决措施

（1）冷漠个性的解决措施

首先是学会关心别人，帮助别人，从而赢得他人的尊重和喜爱，自己也能产生满足感，增强自信心。其次是有困难时多向别人求助，增进人与人之间的感情。再次是正确评价自己，对自己认识越正确，表现得就越自然得体，越能获得别人肯定的评价。最后是学会一些对外交往技能，如跳舞、打球等。

（2）骄傲个性的解决措施

我们在工作与生活中，总会发现有些人把自己定位在与别人不平等的位置，以自我为中心，沟通时咄咄逼人，这是管理沟通中不受人欢迎的个性，需要加以纠正。建议积极参加各种思想交流，多多接触社会的不同人，尝试和陌生人或者不太熟悉的人交往。

（3）暴躁个性的解决措施

一是认清危害，当你要发脾气的时候，不妨多想想别人，多想想发脾气的后果，经过“三思”，情绪会平复许多；二是必须学会容人，不要动辄指责怪罪别人；三是学会自制，当感到自己要发脾气的时候，可反复默念“不要发脾气”，或者迅速离开现场，去干别的事，或者找人谈心、散步；四是换个角度考虑问题，体谅他人感受；五是聆听音乐调节情绪，平时多听节奏缓慢、旋律轻柔、音调优雅的音乐，有利于安定。

（4）腼腆个性的解决措施

一是松弛训练法：当你感到心里紧张、心跳过快的时候，可以转换一下视线，调整一下姿势，进行一下寒暄。二是认知平衡法：从内心对自我的认知进行平衡，不对自己全盘否定，多思考自己的长处，增强自信心。三是气氛转换法：有时适当地转换话题，可以使气氛得以缓和。四是模仿法：经常有意识地观察和模仿一些善于交际、活泼开朗的人的言行举止，对照自身特点加以克服，同时形成自己的风格。

5.2.2 习惯障碍

我们每个人都有不同的习惯，不同的习惯对管理沟通的影响也有不同。有效的沟通是需要不断克制不良习惯、改善沟通技巧，以期达到良好的沟通效果，保证工作的顺利开展。

5.2.2.1 形成原因

在我们日常的管理沟通中，每个人都或多或少存在不良的习惯。了解并克服这些不良习惯是我们做好管理沟通的重要一课。这些不良习惯的表现形式包括沟通中漠视对方的话题、忽略谈话的内容、忽略重要的信息、轻视谈话人、心不在焉等。

5.2.2.2 关注要点

◎ **案例 1** 先入为主

小李作为一名科室负责人，在听到不同意见时，会习惯性回答：“不行！”，而没有深入了解对方的理由，让习惯的口头语占据了上风。这种不好的、消极的习惯会让他失去很多的提升机遇、阻碍部门和公司的发展，成为解决企业问题的障碍。

◎ **案例 2** 习惯抱怨

还有这样一个案例，王明作为部门主管，在日常管理沟通中，爱发牢骚、爱抱怨，看谁都不顺眼。他的这种习惯，让同事很讨厌，自然也不愿与其沟通，直接影响了王明的工作业绩和部门绩效。

◎ **案例 3**　只关注自己

小李作为一名业务经理，在管理沟通中，不管谈到什么事情，凡事只顾个人的利益，只想着自己的人。沟通的结果也可想而知，没有得到对方的认可，从而造成管理工作的被动局面。沟通需要互相谅解和互相付出，不愿意付出而一味地想要得到是万不可取的。

◎ **案例 4**　一心多用

我们常说，做事情要一心一意，一心多用，只会什么都做不好、做不到位。科室负责人小张在与人沟通的时候，一边拿着手机刷微信，一边与人沟通着工作，别人哪里还有兴致跟他继续谈下去呢？在别人面前这样做，只会让别人觉得小张不尊重他、不重视他，沟通效果就可想而知了。

◎ **案例 5**　句句反驳

部门经理老李有个习惯，在与人沟通时，不管别人说什么，都是直接反驳或者冷言冷语，让人觉得莫名其妙。针对好的事情，他却总要说反话，不仅让其他人不清楚他的真正想法，同时这样的表达方式也会让人感觉很不舒服。

5.2.2.3　解决措施

（1）创造接触的机会

在管理沟通中，如果想要建立良好的人际关系，就要多找机会和别人接触或者沟通交流，许多沟通的技巧多是在实践中积累起来的。

（2）善用聊天的工具

会聊天是我们做好管理沟通的重要技巧。在中国文化中，遇事聊天是我们的天性，通过聊天，让我们的关系日益亲近，让我们的沟通更加高效。所以说，学会聊天，可以让我们的管理沟通变得简单、有效。

（3）寻找共同的爱好

在日常工作中，我们会发现共同的爱好可以让同事的关系更加紧密、友善，也让管理沟通变得更加简单。所以，我们要善于通过培养共同的爱好，来改善同事之间的人际关系，通过友谊让管理沟通更加便捷、高效。

5.2.3 心理障碍

在我们的日常沟通交流中，心理因素十分重要，心理的活动、情感或行动都会影响沟通的效果。我们的喜怒哀乐等心理波动，都在管理沟通中起到或多或少的作用。换句话说，如果我们不了解对方的心理活动，不预先进行心理的沟通，冒冒失失、匆忙交流，就会影响管理沟通的实际效果。只有了解、熟悉对方内心的真实想法，方能进行有效的沟通，从而达到我们预期的沟通效果。

5.2.3.1 形成原因

随着社会的发展与进步，企业对员工的素质要求越来越高，我们面临工作环境中的生存、发展与竞争等因素的挑战也越来越多，以至于管理沟通变得更加困难。各类人际冲突都无时无刻不在折磨着我们的心灵，当中以隐形的冲突最为严重，它比短暂的、剧烈的冲突更加隐蔽，更加持续和不可捉摸，也对管理沟通产生更大障碍。

5.2.3.2 关注要点

（1）学会与人为善

乐观向上、与人为善是我们做好管理沟通的重要法宝。这一法宝也同样适用于我们的生活，当一个人感受到自己受人喜欢时，就会表现出友善的一面，目的是让自己变得更加讨人喜欢。相反，如果自己不被人待见时，也会变得更加淡漠，更加引起别人的厌烦。所以，我们如果能够使用好这一规则，在管理沟通中，能够乐观幽默、与人为善，就会达成管理沟通的效果。

我们在日常的管理沟通中，都会有这样的感受，当沟通对象获得管理者的信任与赞美时，被尊重感会让其变得更加积极与自信，会尽力实现管理者期待的目标。这就要求我们，在管理沟通中，要多用、善用鼓励的语言，通过肯定与赞美对方，实现管理沟通的成效。

（2）学会幽默风趣

有一次，一位公司高层与高个子下属一起开会时，还没有握手就谈笑风生："啊，你个子这么高，让我有仰视的感觉。"这句风趣且幽默的话语，可以瞬间让大家之间距离拉近了，也让沟通变得更加容易。

从这个案例可以看出，通过风趣幽默的方式进行沟通，不仅能够快速消除沟通者之间的陌生感，而且也让大家的情感更加融洽，使得管理沟通更加轻松、顺利。

（3）学会树立自信

自信可以让沟通者更加放松、自如，也让管理沟通更加有效。研究表明，自信的人更加能慷慨和友善地对待别人。一个人相信自己，才有可能愿意与他人交流。我们如果想建立良好的人际关系，就必须掌握自信、自如的沟通方式，良好的沟通方式和效果，也会让我们变得更加自信。

5.2.3.3　解决措施

了解自己并客观评价自己是保持自身心理健康的重要条件，所以俗话常说，人贵有自知之明。如果对自身了解不清、认识不明，就会造成自我认知的缺失，从而造成心理的失衡。所以说，我们应正确认识自己的特点和个性，客观评价自己的缺点与不足，不自负、不自卑，成为世上独特的生命体，阳光地面对工作与生活。

（1）增强主动性

管理沟通是否顺畅，不仅影响工作的开展，也会影响个人的发展，甚至影响个人的心理健康。增强沟通的主动性，是我们主动融入社会、融入工作、融入生活的重要方式。在日常工作中，我们要经常激励自己主动沟通、大胆交往、积极融入，其间我们还要学会真诚待人，保持宽容心态。通过这种沟通方式的改变，我们会发现自己的朋友越来越多，心理的愉悦感越来越强。

（2）增强幽默感

幽默是管理沟通的润滑剂。在我们的管理沟通中，适当应用幽默的方式进行沟通可以消除诸多令人不快的情绪，让我们的心理变得轻松起来。在沟通过程中，可以试着开句玩笑、说句俏皮话，让自己逐渐幽默起来、开朗起来。这种沟通方式的改变，我们会发现自己的情绪会越来越好、与他人的情感越来越深、沟通的实际效果也越来越好。

（3）增强有序性

正常有序且充实的工作与生活状态，可以让我们排除空虚感、寂寞感及孤独感。在日常的工作中，如果我们养成了良好的工作与生活习惯，也会增强我们的意志力和抗挫力，始终保持乐观的、积极的心态，让我们的身体更加健康。所以说，我们要尽量多参加工作中的团建活动，在活动中进行了沟通交流，增进友谊，收获快乐。

5.3　信息通道的障碍

沟通通道的障碍主要包括以下三个方面：一是几种媒介互相冲突，造成空间阻隔，形成空间障碍；二是沟通间隔过长，造成沟通失效，形成时间障碍；三是选择不合理的组织结构，从而造成组织障碍。

5.3.1　空间障碍

空间障碍，是说在不能与他人面对面沟通的情况下，大家之间的距离是一种障碍、一个屏障。例如，当我们打电话时，就无法看到对方的表情；当我们在一个容纳几千人的礼堂里演示文稿，就无法与位置靠后的人较好地沟通。以上就是我们常说的空间障碍，要克服这些障碍，就要了解这些障碍引起的沟通问题，并根据问题的症结寻找解决的措施。

5.3.1.1　形成原因

在管理沟通中，由于企业组织庞大，地理位置分散或相距较远都会引起沟通困难，虽然有电话和文件联系，但缺乏面对面沟通，从而造成沟通中的空间障碍。

在企业中，由于管理环节过多，会引起信息损耗。传达和汇报是我们经常使用的沟通方式，但每经过一次传达就多一层丢失和错误，一般每经过一个中间环节，就要丢失 30%左右的信息，从而造成沟通中的空间障碍。

同样，企业中上级与下级之间如果缺乏面对面的沟通，可能会导致误解或信息传递失效。这些物理距离引起的沟通不畅，也会造成沟通中的空间障碍。

5.3.1.2　关注要点

（1）缩短心理距离

在管理活动中，善于沟通的管理者进行工作交流时，会这样说：“我们这样可以吗？”或者“您对我们有哪些建议？”对方也会这样说“我建议应该这样……”“您的建议很中肯……”这种沟通方式会拉近彼此的距离，让大家感受到亲切和温暖。因为温婉的语言让对方感受到被尊重，并产生愉悦的心情，让大家的心理距离缩短了。

由此可见，不同的沟通方式会产生的不同的沟通效果，良好的沟通交谈，会令人感到亲近；反之，不当的言语也会让沟通双方的距离更远。例如，在管理沟通中，管理者对下级说“你们必须这样做”，就会增加双方的距离，无法产生共鸣。假如，我们把这句话改为“我们一起协商一个更好的办法”，可能就会拉近双方之间的距离，舒缓沟通的气氛，达到沟通的效果。

（2）改变沟通方式

某核电公司科技处梁主管进公司不到一年，工作表现颇受领导赞赏，专业能力和工作绩效，也得到了同事的肯定。但是，随着时间的推移，他的业绩和同事认可度大大下滑。领导在工作中观察发现，梁主管和员工沟通很少，安排工作也通过电子邮件进行。他很少找领导当面汇报工作，和同事也很少面对面讨论工作。

但是，他没有意识到，邮件这种沟通方式会让大家出现陌生感和距离感，从而造成空间障碍，直接影响梁主管与领导及同事的沟通效果，其绩效下降和员工满意度下滑也在情理之中。

（3）优化沟通模式

小张是某家核电公司设备采购处处长，他上任时发现，上级需要的数据报表反馈不及时。通过现场调查和多轮访谈，他认识到项目采购人员不擅长对数据分析，简单的会议安排无法达到真正的效果。

在调研的基础上，他换位思考，让管理者现场与项目采购人员进行沟通、确认相关数据，让项目采购人员也理解这些数据对企业管理和员工绩效的重要性，慢慢地，上级需要的报表都能及时提交，都能及时提交，质量大大提升，部门绩效也随之更优。

由此可见，在管理沟通中，对待不同的人，要采取不同的沟通方式。在沟通过程中，要不断优化沟通模式，让管理沟通的语言变得简洁、易懂。

5.3.1.3 解决措施

（1）减少沟通环节

调查表明，管理者在传达政策时，多是通过会议模式进行口头传达，这是一种最直接的沟通方式。另外，管理者每天应到员工当中转转，主动询问存在的情况和问题，多和当事人商量，及时、充分、直接地掌握第一手资料和信息。不仅达到了有效的沟通，也能了解职工想法，还可以改善人际关系。

（2）注意柔性沟通

相信每个人都不喜欢直来直去的刚性管理者，而能接受沟通相对柔性的管理者。所以，我们在进行管理沟通时，说话就不能太直接、太尖锐。我们试着这样说："我可否请教您一下？""您的意思是……"就可能会收到不同的沟通效果。

（3）注意认真倾听

在日常的管理沟通中，目的是让员工了解我们的要求、支持我们的想法、完成我们的任务，所以，在沟通过程中，我们要认真倾听员工的意见，真诚回复员工的问题，从而让员工理解并支持我们的管理目标。

5.3.2　时间障碍

因为时间的紧迫性，对沟通双方造成时间压力，也是我们常见的管理沟通障碍。时间的压力，是我们进行商务沟通中经常遇到的，它可能会迫使沟通一方或双方做出妥协与让步。

在商务活动中，如果我们是主动发出讯息的一方，可能会注意到对方的情绪变化，可能会出现焦躁不安的表情。这就是时间障碍造成的心理变化，如果对方没有消除或减轻时间障碍造成的影响，没有准备好时间压力可能造成的应急措施，就可能影响沟通的成效，造成商务的损失。

3.2.1　形成原因

在日常管理沟通中，我们总感觉时间不够用，总想把一个小时变成三个小时。这就是时间造成的沟通障碍，究其原因是时间管理不善而造成的沟通障碍，时间管理中最大的三个障碍是时间管控混乱、拖延症和容易分心。

一是时间管控混乱。在管理沟通中，如果我们不擅长时间的管控，任意而为，没有进行时间分级管理的意识，不清楚何时重要，何时合适，就会造成时间管控混乱，做事不分先后、不分轻重、不论时长等。

二是时间拖延症。在管理沟通中，我们经常犯的错误是拖时、延时，从而造成沟通效果不佳，致使汇报工作效果不理想或晋升面试失败。

三是容易分心，做事不够专注。我们经常可以看到这样的情况，有的同事做着这件事，却又想着另外一件事，注意力不佳，这样的效率也不会高，造成时间的浪费。

5.3.2.2 关注要点

（1）时间压力造成的障碍

某核电公司为了满足电厂机组大修的需求，完成当年的发电量和利润考核目标，在一项重要设备的采购过程中，只用了 1 天时间就作出了承包商单一供方选择的决定。其结果是，由于时间压力，造成管理沟通的障碍，没有充分发挥民主讨论的优势，匆忙决策，造成设备采购的质量存在问题。

我们在工作中发现，在时间的压力下，管理者很可能产生仓促的决定。管理学上有一个很有名的理论，叫作芝麻绿豆原理。所谓的芝麻绿豆原理，就是对于重要的事情两三天就下决定了，而对于芝麻绿豆的事情却拖延了几个月甚至半年都没有做出决策。由于时间的压力，致使重大决策有时太过于仓促就决定了，而芝麻绿豆的事却要思考半天。在我们的日常管理沟通中，经常会发现此类有趣的事情。

（2）时间拖延造成的障碍

2016 年，某核电公司部门经理参加集团公司组织的年轻干部竞聘，在笔试环节，取得了不错的成绩。可惜面试时，表达啰嗦拖沓，没有控制好时间，从而造成竞聘失败。

回来后，他给我讲述了竞聘的过程和感受。他说，竞聘面试是一个求聘双方相互了解的过程。在此期间，回答问题要切记做好时间控制，突出重点，言语精练，回答流利清晰。只有这样，才能在面试陈述环节有充足的时间讲述关键的问题。

（3）精力不专注造成的障碍

在管理沟通时，我们因为精力不集中或不专注，也会造成接收信息的延迟，从而造成沟通中的时间障碍。赵经理作为某个电厂的部门负责人，在与员工沟通时，由于精力不集中，没有听明白员工发言的精神实质，也无法向员工传递正确的信息，员工发觉领导对他的谈话内容没有兴趣，就会匆匆忙忙完毕谈话内容，将自己的真实念头咽回肚里。

从这个案例我们可以看出，管理者在与员工沟通时，要精力专注，表现出深厚的兴趣爱好，员工才有可能把话持续讲下去。更不能在员工发言的时候，去玩手机，或是盘玩物件。不然，将达不到管理沟通应有的效果。

5.3.2.3　解决措施

从以上案例我们可以看出，时间压力造成的障碍对管理沟通影响很大。那么，我们又使如何降低时间压力对管理沟通的影响呢？首先，作为沟通信息的发送者，要关注信息接收者情绪的变化，并根据情绪的变化采取相应的措施。其次，要在进行管理沟通之前，就做出时间要求，让信息接收者有心理准备，并合理安排好时间表。只有这样，管理沟通才能从容不迫、游刃有余，才能达到预期的效果。

为了减少时间因素对沟通的压力，还要做好时间的管理工作，主要措施如下。

（1）运用好金字塔结构

在管理沟通中，采用金字塔结构能够让你的沟通与表达重点突出、层次清晰，让沟通对象清楚、明白沟通的目标是什么、结果是什么。

一是结论先行。先讲结果、目标是什么，也可以说是结论先行，让受众知道我们沟通的目的，这种方式有利于控制好沟通的时间。

二是上下对应。沟通的过程分为很多层级，其中上一层思想概括下一层思想，下一层思想解释支撑上一层思想，二者之间是一个上下对应的关系。

三是分类清晰。有时沟通效果不佳，是因为表达混乱，让受众不清楚在说什么。当我们能够做到表达分类清晰的时候，就能够更加高效地沟通与交流。

四是表达有序。归根结底就是沟通与表达的内容先后顺序要清楚，分清内容主次。把所要表达的内容用一种条理清晰、次序得当的金字塔逻辑结构有机地组织起来，只有这样才能够更加有效地传递思想、说服听众。

（2）分清沟通内容的轻重缓急

在管理沟通中，尤其是我们进行工作汇报时要注意沟通内容的轻重缓急，重要的、急迫的事情先汇报。再根据领导的时间或兴趣，依次汇报急迫但不重要的事情、重要但不急迫的事情、不重要也不急迫的事情。这样，可以自如地控制好沟通的时间，取得沟通的效果。

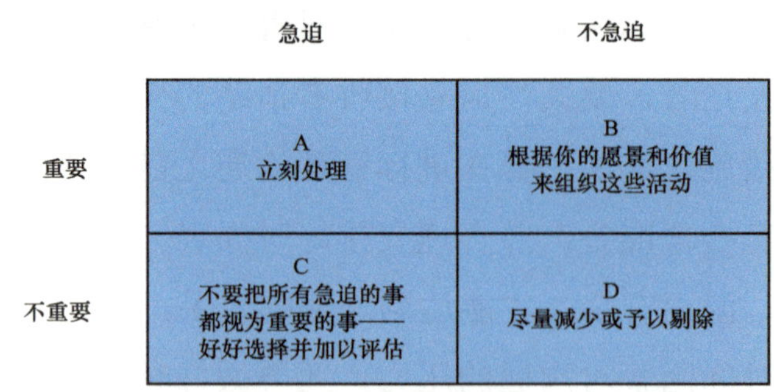

图 5-2　沟通矩阵图

（3）运用好 80/20 原则

在管理沟通中，我们要避免在琐碎的多数事情上浪费工作汇报时间，与其花 80%的时间也只能取得 20%的成效，不如将时间花在重要的少数问题上，因为领导只对重要的事情感兴趣，你虽然只需花 20%的时间，但可以取得 80%的成效。

（4）掌握省时之道

在管理沟通中，我们要掌握省时之道，注意不要浪费对方的时间。特别注意汇报工作时要事先预约，通过简短的开场白、控制时间与主题、事先邮件沟通等方式，节省领导的时间。

5.3.3　组织障碍

在日常管理活动中，如果单位的组织机构设置合理，对信息的沟通会起到增强作用。相反，如果单位的组织机构过于庞杂、职责不清晰，就可能会造成信息传递的失真现象，致使管理失效。机构庞杂、层级过多也可能导致信息传递及时性、有效性差，由此形成管理沟通的组织障碍。

我们都有这样的常识，在组织机构复杂的单位，对于管理高层传递的管理信息，中层和各基层管理者需要花费很多时间对信息进行识别、分析，其间就可能导致信息片面、失真。同时，在识别、分析过程中，可能会加入各级管理者自己的主观信息，当信息到了最基层员工那里，可能会发生信息的严重失真，形成管理沟通的屏障，影响了管理沟通的实际效果。

5.3.3.1　形成原因

在管理沟通过程中，由于组织机构庞杂、流程过长等原因，就会造成信息传递的片面性和失真，管理沟通过程中的信息传递起不到应有的作用，从而会形成了管理沟通的组织障碍。其表现形式有以下三个方面。

（1）信息失真影响管理决策

在管理沟通中，如果传递的信息有误，其结果也是沟通无效。所以，我们在进行管理沟通的活动时，沟通双方尤其是决策者只有在获得准确、充足、有效的信息后，才有可能做出科学的决策。我们知道，在管理工作中，决策正确是工作高效的关键。由此可以看出，在管理决策中，从提出问题、分析问题、提出措施到决策方案，都是基于准确、充足、有效的信息，如果信息失真，其结果就可能致使决策失误。

（2）渠道不畅影响管理效率

在管理沟通中，如果信息传递的渠道不畅，其结果就是管理效率的缺失。在企业中，我们经常是通过会议的方式进行管理沟通，如生产早晚会、安全与工作月度会、专家协调会、员工思想座谈会等；同时，我们也会采用微信、电话、邮件等方式，上下级之间进行管理沟通。以上信息传递的渠道如果发生障碍，如邮件系统发生故障致使邮件信息不畅，就会造成管理失效的情况。

（3）双向性不够影响沟通效果

在管理沟通中，双向性十分重要，没有反馈的单向沟通会造成信息的片面与缺失，高效的沟通是建立在相互反馈的双向性沟通条件下的。在日常工作中，我们在传递管理信息时，要学会应用合理的措施让信息接收者及时反馈，并根据信息接收者的反应做出相应的行动。总之，管理沟通中，沟通双方反馈的信息越真实、越全面，沟通的效果就越好。

5.3.3.2 关注要点

（1）信道过长影响沟通效率

在日常管理中，设置合理的组织机构有利于提高信息的效率，但如果组织机构过于庞大，层次太过复杂，那么，信息从最高层的决策传递到最底层的员工，不仅容易产生信息的失真，而且还会花费大量的时间而影响信息的及时性。开展自上而下的信息沟通时，如果中间层次过多，同样也浪费时间、降低效率，从而形成沟通的组织障碍。

统计表明，在高层管理者那里，一个完整性 100%的信息，如果信息通道过长，信息到了接收者那里，其完整性有可能就剩下 10%。其原因是各级管理者对高层传递的信息层层进行识别、过滤、加工，发送的信息到了最后的接收者那里，会因通道过长造成信息严重失真，形成沟通障碍，造成管理沟通效率的降低。

（2）信息泛滥影响沟通效果

我们都有这样的体会，由于管理信息数量快速增长，上班后打开电脑会接收到大量信息，包括邮件信息、流程信息，需要花费大量时间进行处理。在这种情况下，建议管理者做好时间管理，处理信息时，按照紧急程度和重要性进行适当分类，分好优先级，避免因信息泛滥影响或干扰日常的管理工作。

所以，当我们向上级领导汇报工作或传递信息时，要认真做好信息的梳理、归纳工作，内容尽量简短、重点突出、简洁明了，必要时在文件上附上内容摘要或提示信息，并对重要的提示信息做好概括总结。

（3）氛围不佳影响沟通实效

我们都有这样的常识，在企业内部，当下层管理者向上层管理者提意见或建议时，上层管理者的情绪恰巧不好，就可能会造成管理沟通的氛围不佳，形成沟通的障碍。当上层管理者的情绪不佳时，很难接受不同的意见。但是，在日常工作中，管理者存在不同意见的情况是经常性的，也是正常的。大家拥有不同的意见对于作出科学的决策是有帮助的。

当我们向上层管理者提出不同的意见或建议，而上层管理者的面色难看时，我们也会形成心理的压力，从而影响沟通的实际效果。更有甚者，当我们与上层管理者在沟通中发生了冲突，我们要善于使用沟通的技巧来化解，从而保证沟通的实际效果。

5.3.3.3　解决措施

（1）完善沟通机制

为了保证组织沟通的有效性，我们要适时优化、完善组织沟通机制。例如，尽量使双方沟通的信息和目标清单化、可量化，做好双方认可的、易执行的沟通工作安排，应用行之有效的沟通方式与技巧，达到沟通的目的。

（2）优化沟通渠道

在日常管理沟通中，我们要做好沟通渠道的优化工作，包括管理者与下属关系的管理性网络、改进创新的活动性网络、奖励与表彰的整合性网络以及出版物等新闻性网络。

（3）关注沟通技巧

在语言沟通过程中，双方都要认真聆听对方的意见，双方适时进行互动与反馈，实现相互理解。在书面沟通过程时，要注意突出重点、结论先行、主题鲜明、图文并茂、用词精练、文体恰当。

第6章 沟通的提升

管理沟通必须是对有意义的信息进行沟通，这是沟通成立和存在的根本前提和基础，但是，客观上信息沟通过程中存在许多障碍和干扰，作为管理者应该克服沟通障碍、减少沟通干扰，提升信息处理能力和信息传递能力，提高沟通成效，达到事半功倍的效果。

消除管理沟通过程中的障碍可以有效提高管理沟通效果，因此，信息的发送、接收双方都要努力提高自己的沟通水平。

首先，作为信息发送方应注意以下八个方面。

一是态度诚恳。人是感情动物，在沟通过程中，采取真诚的沟通态度对于沟通的效果大有裨益。坦诚相待永远是消除彼此隔阂最好的手段，进而才能更好地促成双方的合作。

二是使用沟通表达技巧。对于信息发送方来说，无论是口头交谈还是书面沟通，都应该精准表达自己的观点。为了正确选择沟通技巧，沟通前应充分了解对方的文化水平和相关能力，同时根据对方的情况有针对性地选择适当的沟通表达技巧，准确使用表达词汇、沟通语气和标点符号，重点关注表达过程中的逻辑性和条理性，针对重点内容适当使用强调性的说明，表达过程中借助肢体动作或是面部表情等形式来帮助加深理解。

三是选择合适的沟通时机。信息交流要选择适当的时机，沟通时的环境、气氛等因素都会影响沟通效果。对于重要信息的交流，优先选择会议室等正式的场所，而对于思想或者感情层面的交流，更适合选取随便、适合独处的场合，安静、随意的环境下，双方可以更加迅速地消除隔阂。

四是注重双向沟通。信息接收方往往更习惯从自我的角度来理解信息，进而导致信息内容的误解。双向沟通是由接收方复述信息内容和个人理解，进而由发送方检查准确程度和偏差。双向沟通过程中，发送方要学会理解他人、倾听反馈意见，鼓励接收方大胆发问。

五是积极聆听他人。人们往往注重说写能力而忽略了对于倾听能力的锻炼。事实上，积极聆听他人对沟通效果起着至关重要的作用。有效的聆听能增加双方的相互信任，进而克服沟通障碍。

六是缩短信息传递链。拓宽沟通渠道、缩短信息传递链才能减少信息失真。同时，激发团队成员乐于同上级沟通的意愿，在利用正式沟通渠道的基础上，开辟非正式的沟通渠道。沟通过程中更加坦诚、开放，会使员工获得信任感与归属感，达到事半功倍的沟通效果。

七是互相信任。有效沟通建立在双方相互信任的基础上，培养信任感可以有效排除沟通障碍、改善人际关系。

八是学会求同存异。用求同存异达到“双赢”的沟通目的，提倡“高驱动、高同感”。“高驱力”指的是积极推销自己的观点，在沟通中不轻易地屈从和迁就，而“高同感”则是认真倾听与自己不同的主张和观点。

总之，管理沟通既是科学，也是艺术。一方面，它具有思想性、目的性且注重结果、质量和效率，另一方面，管理沟通贯穿于人际沟通的一举一动、一言一行，富含人性的关怀和理解。在日常工作中，应正确把握沟通实质、沟通态度以及沟通技巧。

对于信息发送方来说，沟通前要认真准备沟通内容，明确沟通目的，正确选择沟通方式，采用正确的沟通态度和沟通的技巧努力缩短与信息接收方之间的心理距离。

对于发送方而言，选择信息沟通渠道时，要减少沟通的中间环节，同时缩短信息传递链条，运用现代信息技术手段来提升沟通效果，避免因信息传递链条冗长而产生干扰。对于接收方而言，则要树立正确的沟通态度，学会积极地聆听。

松下幸之助曾说过："企业管理过去是沟通，现在是沟通，未来还是沟通。"对于管理者来说，沟通才是真正的工作。不论何时，企业管理都应建立在沟通之上。职场上，沟通无处不在，但同时也存在沟通障碍，所有人都要学会应对沟通障碍的法则，不仅积极应对沟通障碍，同时选择恰当的沟通渠道。

6.1　信息处理能力的提升

在管理沟通过程中，信息处理能力的提升主要包括学会用倾听来交流，学会用换位思考来交流、学会用赞美来交流、学会用情感来交流。

6.1.1　不断反馈的有效倾听

倾听是管理沟通的重要环节，往往也最容易被人忽视。善听重于善辩，一个出色的管理者往往善于聆听员工的抱怨和异议，倾听员工的需求和渴望以及背后没有明说的潜在需求。一个优秀的管理人员应当不断地修炼倾听技巧。

6.1.1.1　案例分析

◎ **案例 1**　不善倾听的结果

张明是一名汽车销售，一位客户正要准备付款时，店内另一位销售跟张明讨论昨天的篮球赛，张明跟同伴津津有味地说笑，随意伸手去接车款，不料这时客户却突然取消了购买。事后，张明百思不得其解，忍不住给客户打了一个电话，想问清楚其中的缘由。客户抱怨他：“今天下午付款时，我同您谈到了我的小儿子刚考上大学，是我们家的骄傲，可是您一点也没有听见，只顾跟您的同伴讨论篮球赛。”

张明这才了解到，销售失败的根由是因为自己没有认真地倾听。

销售人员最常出现的错误是，只摆出倾听的样子，而内心却只希望赶紧成交，常常因为听不出客户的意图和期望而失去订单。

所以说，倾听是一种需要不断修炼的艺术，管理者必须不断修炼倾听的技巧来达到最好的沟通效果。

◎ **案例 2** 有效倾听的结果

某通信公司数年前曾应对过一个咒骂接线员的顾客。顾客咒骂、发狂、恫吓要拆毁电话，并拒绝支付他认为不合理的费用，同时写信给报社并提起数起诉讼。

为此，公司选派了一位擅长倾听的调解员去拜访这位顾客。这位调解员选择安静聆听并对其表示同情，让这位老先生随意发泄他的不满情绪。“他喋喋不休地说着，我静听了差不多 3 小时”调解员回来反馈道，“以后我再到他那里，继续听他发牢骚，我访问他 4 次，在第 4 次访问完毕以前，我已成为他正在创办的一个学会的会员。”

“在这几次访问中，我静听，并且同情他所说的任何一点。我从未像通信公司其他人那样同他谈话，他的态度几乎变得友善了。我要见他的目的，在第一次访问时，没有提到，在第二、第三次也没有提到，但在第四次，我结束了这一案件，他也将所有的账都付清了。”

一个挑剔、激烈的批评者也会被一个忍耐、同情的倾听者软化。由此可以看出，当你遇到麻烦时，你最需要做的就是变成一个善于倾听的人，鼓励别人讲述他们自己的观点。

沟通前，要用几秒钟的时间回顾对方的信息，在脑海中整理其中的重点。沟通过程中，我们要选择删去无关紧要的细节，关注对方的讲话重点和想法，并在适当的情形下给对方以清晰的反馈。

另一个案例是，吴明是一名电器销售经理，他了解到公司新一批产品有质量问题，遭到多名客户投诉。为了尽快解决这个问题，他整理、分析了客户的投诉资料，并走访了部分投诉客户。

他倾听客户投诉并且表示了极大的同情和理解，还承诺用最短的时间解决问题。通过交流，客户直观地感受到厂家的真诚态度，纷纷表示会继续支持本公司产品。最终不但保住了公司的名誉，同时还为生产部门解决产品质量问题争取到了宝贵的时间。一个月后，新的产品圆满地解决了所有问题，公司的销售业绩不降反升，而且赢得了业内优良口碑。

6.1.1.2　提高倾听能力的方法

“说三分，听七分”是中国老话，表明了“会听”往往比“会说”重要得多。某项在对 500 强企业的调查中，约 59%的被调查者设置有专门针对员工的倾听培训。调查结果显示，良好的倾听技巧直接关系着工作效率，受过倾听能力训练的员工的工作效率远远高于没有训练的员工。

倾听是管理沟通过程中的重要手段，懂得倾听的管理者不仅给员工留下良好印象，更能激发员工畅所欲言，进而获取重要的信息，为最后的决策提供重要帮助。对于新晋管理者而言，倾听进一步增长了知识和阅历，大大降低了决策失误的概率。

（1）消除倾听的障碍

倾听者本身是造成沟通效率低下的最根本原因。有研究表明，理解和传播阶段经常发生信息失真，主要是倾听者的以下主观因素造成：一是以自我为中心。倾听者过于关注自我，认为自己才是对的，因此倾听过程中更接受与自己观点一致的意见，排斥不同的意见，拒绝聆听他人意见。二是先入为主。如果你觉得倾听对象是一个愚蠢或无能的人，你就会下意识忽视他们的发言。三是急于表达自我。许多人认为只有说话才能说服对方，往往导致在他人还未说完的时候迫不及待地发表观点、打断对方。四是心不在焉。没办法把全部注意力放在倾听上，如果你觉得聊天话题无聊或让你感到不自在时，会选择改变话题等方式终止对方的谈话思路。

（2）关注倾听的细节

在管理沟通中，我们应该认识并主动克服沟通障碍。此外，还应关注倾听中的细节：一是创造倾听环境，选择安静的沟通环境，有助于双方身心放松。二是尽量表现出有兴趣的样子，通过注视对方的眼睛或者外表来帮助聆听，同时，也让对方认可你的聆听态度。三是尽量缩短讲话时间，因为讲话时我们便不能聆听别人的良言。四是保持平和的心态，倾听中只针对信息本身，不针对传递信息的人。五是保持耐心，不争论或打断谈话，拒绝辩论赛形式的交流。六是不要提早下结论。当你心中出现预设时，就不容易倾听他人的意见。七是摆脱以自我中心。沟通时，很多人习惯把注意力集中在自己身上，容易造成倾听的混乱和矛盾，要多把注意力放在沟通对象身上。八是随听随记。好记性不如烂笔头，随时记笔记能提高聆听效率，同时让对方觉得受到重视。

（3）注意倾听的艺术

倾听的艺术可以概括为“望”“闻”“问”“切”四大方面。在倾听的过程中，人不断开展思考、接收、理解、反馈的工作，只有用心、用眼睛、用耳朵都去倾听才能达到最好效果。类比中医“望”“闻”“问”“切”四种诊断方法，只有做好了这些步骤，才能实现有效倾听。

望：《灵枢·本脏篇》说，“视其外应，以知其内脏，则知所病矣。”“望”是第一诊，通常指用眼睛观察病人全身或局部的神、色、形、态，进而初步判断病情。在倾听中，它不仅指的是观察对方的兴趣、情绪，也包含着通过目光向对方反向传递你的关注，表达你的兴趣，并且正在认真倾听他谈话的内容。“望”对于观察对方的真实意图、缩短与对方的情感距离等各个方面都起着决定性作用。孔子曰：“未见颜色而言之，谓之瞽。”表明如果一个人没有察言观色就胡乱说话，就宛如盲人一样辨不清方向而四处碰壁。

闻：“锣鼓听声，说话听音。”“闻”就是用耳朵听对方说话，除了谈话内容外，更要解读语音、语调上隐藏的真正用意。然而，想要有效的“闻”并非易事，一个善于倾听的人，首先不会打断对方说话，其次把全部注意力都放在沟通上。在此基础上更应提升谈话控制能力，避免谈话中断、产生无端的争执等不好的情况。沟通时，既要沉着冷静，也要心甘情愿，更要设身处地、怀有同理心，和蔼、亲切、面带微笑，时不时地给予鼓励、赞许的点头等动作，只有做到这些才能把握好“闻”这个步骤。

问：即问诊，中医里是指通过询问了解病情、病史，是最重要的环节。放在倾听中，“问”对于了解真实情况、与对方开展良性互动等方面，也起着至关重要的作用。倾听过程中，适时择机来抛出一些让对方感兴趣的话题，相反，时机不恰当则可能会中断沟通过程，甚至可能引起对方的反感。提出问题时要真正理解对方的谈话，设身处地为对方着想。想要掌握好“问”这门学问，需要做好以下几点：

一是理解谈话内容。提问要基于认真倾听并理解对方的谈话内容的基础，同时还要理解对方传达的情感，有时甚至还要准确把握对方的言外之意。二是思考问题的合理性。依据谈话内容或其他信息提问可能存在疑惑，这时就需要将疑惑或者自己的理解表达出来，征询对方的解答或者确认。三是要把握提问的时机。前面两点都完成时也不能着急发问，为了表示你的尊重，应等待对方充分表达后再进行提问，同时也不至于打断对方的谈话思路。另一方面，提问的时机也不应太迟，话题结束长时间未发问会让人认为你没有认真倾听，势必会产生不好的沟通效果。

切：中医里切诊包括切脉和按诊，是指通过切按病人的脉搏、触按病人的身体部位来进行疾病诊断，人们更习惯称之为“把脉”，是对问题的最后诊断确认。在倾听过程中，“切”则指的是对前三个流程的整体把握，通过综合全部信息直切问题本质，进而找到正确的解决方法。“切”这一步骤讲究准，要掌握透过现象看本质的本领。

以上可以看出，沟通时，“望”用眼，“闻”用耳，“问”用口，“切”用心，倾听是一项需要全部身心参与投入的活动。

（4）提高倾听的能力

1）倾听的五个层次

有效沟通的基础是倾听，然而很多人并没有真正掌握“听”这门艺术。著名学者史蒂芬·柯维博士认为倾听主要包含五个连续的层次：

第一个层次是听而不闻，或是完全不用心倾听。换句话说就是忽视对方，只沉迷在自己的世界，把对方的话当作耳边风。第二个层次是假装倾听。一般是用身体语言假装在听，或者机械重复别人的语句当作回应，其实并没有听别人的谈话内容。第三个层次是选择性地倾听。聆听时只专注自己所喜欢的话题，忽视了其他内容。第四个层次是专注地倾听。能够从自己的角度出发用心倾听，但却无法全部明白说者的本意。第五个层次是有同理心地倾听。这一层次的人能够站在他人的角度进行聆听，对比前几个层次的人聆听是为了作出反应，这一层次的人能够以“了解”而非“反应”作为出发点，最终也能通过交流进而了解别人的观念和感受。

2）有效倾听的“三部曲”

倾听不单单是完整地“听完”，还要分析、提取其中的重要信息，最后了解倾听对象的真实意图，有效倾听分为 3 个方面。

一是完整倾听。专注、完整地接收倾听对象所传递的信息，不随意打断对方发言，同时以复述的形式确认接收到的信息无误。不随意对倾听对象作出评论，尤其是负面的评论。二是重点倾听。关注倾听对象的重复、加重、情绪等表达方式，过滤倾听过程中的无关信息，对于含义不明的问题，随时验证，不主观推测。三是条理化倾听，归纳总结重要信息，学会“对症下药”，有条理地去接收倾听信息。

（5）克服不良的习惯

在管理沟通中，作为倾听者，你可能会通过讲话者的信息来回话或者通过其发出的声音来进行相关判断，这时语气和语调就显得特别重要。语气和语调作为个人言谈举止的要素之一，对自我或者沟通对象的开放性判断有着重要的影响。一个小小的语气变化，就会从认可转为否认，进而影响甚至直接中断沟通。

交流中应该克服以下不良习惯：一是拒绝刻薄、反对性的语气。如果你从别人那里听到了对某件事情的解释，然后你说“你做了什么！”，在这种语气下，讲话者会瞬间处于防御状态，不利于沟通的开展。二是拒绝讽刺他人。沟通时避免带着贬低和嘲弄的语气，如“听起来你好像已经尽力了”等，尽管看起来是同意的字面意思，但更多是用反讽的语气来表达揶揄、否定的意思。三是拒绝单调的回应，避免让人听起来感到厌烦或是没有兴趣。例如，当一个人正在热情洋溢地分享一次难忘的经历时，你突然打断说“嗯，这很好。”这个回答不仅显得沉闷、消极和无意义，也让讲话者很快就丧失分享的欲望。

6.1.2 换位思考的工作交流

在管理活动中，换位思考才是管理者最有效的沟通。在职场中有些人经常抱怨沟通困难，别人不了解自己的想法，导致迟迟完不成业绩。这主要在于这些人还不了解沟通技巧，总是站在自己的角度考虑问题。真正有效的沟通应该是：换位思考，站在对方的角度思考问题，想对方之所想，急对方之所急，寻求双方的利益共同点，设计双方共赢的方案。这样推心置腹的沟通，实际效果最有效，更能获得对方持久的信任。站在对方的角度来沟通，我们就能真正打入对方的内心，从而收获意想不到的成果，一些“老大难”问题也能从容不迫地得到化解。

6.1.2.1 案例分析

◎ **案例 1 将心比心，换位思考**

一个后台很硬的关系户被安排进了某企业，担任部门负责人的职位。由于有后台依仗，他谁也不放在眼里，本事不大脾气不小，不仅迟到早退，而且目无领导，对安排的工作推三阻四，耽误了公司发展，严重败坏了企业风气，大家对他敢怒不敢言。对这样的人如何有效地沟通才能让他努力工作呢？前提是不能开除，不能责骂，不能恐吓，不能闲置，不能破坏关系，更不能求着对方，求爷爷告奶奶的让他好好工作，这样就更会把他宠上天。和这样的职场愣头青沟通交流，估计很多人都会犯怵，不敢接这个烫手的山芋。

这时要找到沟通的突破点，寻找他的利益所在。这个人最大的依仗就是他的后台，没有了这个后台就没有他的一切，而他的所作所为实际上是给后台抹黑，往大了说就是破坏后台的形象。现在网络发达，人言可畏，如果因他的表现而让后台犯了难，可能受处分甚至下了台，那他就是直接的罪人。而一旦没有了后台，这个人将什么也不是，没人把他看在眼里。后台安排他做这个岗位，初心也不是让他狐假虎威，而是让他能够自食其力，自己养活自己。如果还能够在岗位上干出一番业绩来，那更是给后台脸上贴金，说明后台选的人不错，举贤不避亲。既然这样，干不好对己不利对后台更不利，干好了双方都脸上有光，那为什么还不好好干，天天在这里摆架子呢？把这些利害关系给刺头一摆，推心置腹地给他说清楚，他自己就会明白自己该怎么做，就会从一个人见人烦的坏分子变成职场上的好员工。

世界上人与人之间都是相互的，当我们懂得换位思考，将心比心，己所不欲勿施于人，合作双赢等道理，就能获得积极的反馈，实现最有效的沟通。

◎ **案例 2**　方法不对，枉费口舌

小方是一个地道的北方男生，人力资源管理专业毕业的他认为，通过四年的学习，自己不仅掌握了人力资源管理专业的知识，而且人际沟通方面也具备较强的能力，因此对自己的未来期望值很高。毕业后，他怀揣着梦想毅然前往南京求职。经过一个月的投递简历和参加面试，综合考虑多方面因素后，小方最终选定了南京某家房地产公司。他认为这家单位规模适中、发展快，重要的是该单位人力资源管理工作处于初步发展阶段，对他而言施展能力的空间很大。

然而，小方实习一个星期后，就陷入了困境。

原来，这个单位是一个典型的小家族企业，老板的亲属担任了公司多数关键职位，裙带关系复杂。小方的上级就是老板的大儿子，而这个人把技术研发当作重中之重，其他的一切都无所谓，对于人力资源管理的理念更是一窍不通。

为了发挥自己的专业知识，小方拿着自己的项目建议书直接走向了上级的办公室说："王经理，我到公司已经快一个星期了，我有一些想法想和您谈谈，您有时间吗？"

王经理说："来来来，小方，本来早就应该和你谈谈了，只是最近一直扎在实验室里就把这件事忘了。"

"王经理，对于一个企业尤其是处于上升阶段的企业来说，要持续企业的发展必须在管理上狠下功夫。我来公司已经快一个星期了，据我目前对公司的了解，我认为公司主要的问题在于职责界定不清，雇员的自主权利太小致使员工觉得公司对他们缺乏信任；员工薪酬结构和水平的制定随意性较强，缺乏科学合理的基础，因此薪酬的公平性和激励性都较低……"按照自己的提纲，小方逐条向王经理汇报。

王经理听完后微微皱了下眉头说："你说的这些问题我们公司也确实存在，但是你必须承认一个事实——我们公司在赢利，这就说明我们公司目前实行的体制有它的合理性。"

“可是，眼前的发展并不等于将来也可以发展，许多家族企业都是败在管理上。”

“好了，那你有具体方案吗？”

“目前还没有，这些还只是我的一点想法而已，但是如果得到了您的支持，我想方案只是时间问题。”

“那你先回去做方案，把你的材料放这儿，我先看看然后给你答复。”说完后，王经理又把注意力放在了手头的研究报告上。

小方真切感受到了不被上级认可的失落，对项目落地不抱有期望。果不其然，小方的项目建议书仿佛石沉大海，小方也对自己的未来感到了迷茫。

◎ **案例 3** 自以为是，害人害己

当沟通中出现不畅时，我们经常听到的一种解释是：“这个人太难沟通了。”当问及其中的原因，多数人则会委屈地解释“我以为应该是……可他……”

殊不知，“我以为……”往往是沟通误区的开始。

沟通是什么？所谓沟通，是不同的行为主体之间，在特定的时间和场合，通过各种渠道实现信息的双向交流，从而形成行为主体的感知，最终达到某个特定目标的行为过程。如果一个人传递的信息不能被沟通对象所理解和接受，那么这种沟通就只是自说自话罢了，不但没有通，反而还给人添堵。

由于工作能力出众，周杰被提拔到公司办公室担任主任。这天，公司总经理和一位重要客户商谈业务，并约好一起共进午餐。总经理嘱咐周杰帮忙订位：“就定对面那家很有名气的川菜馆吧！”

临近中午，周杰提醒总经理已到用餐时间。总经理看了看手表，询问了客户的意见后，起身出发。

出了公司门口，总经理问："车呢？"

周杰的笑容顿时僵住了，那家川菜馆离公司只有一千多米，平时他和同事都是走着去的，他以为总经理和客户也会走着去！

总经理没再说话，转身跟公司保安说："你，你去安排一辆车。"

此刻，周杰的心绪起伏可想而知。

周杰就是因为没有将自己内心所想与总经理沟通好，没有再次确认信息，故而才出现了"我以为"的灾难情景，或许还会让职业生涯就此止步。

客观地说，人与人之间是存在一定的共性的，会拥有一些相同的思维和观念。因此，以己度人有时不会出现太大的问题，但也不要忘记，每个人同样也存在自己的特性。沟通对象的背景、性格、经历等差异，都会影响各自对事物的理解。有时候，你内心的所思所想未必和别人不谋而合，不论双方关系多好，也不能自信地认为自己传递的信息别人能够理解和认同。

沟通优先的问题在于，人们想当然地认为已经沟通了。有一点不容忽视：在沟通过程中，我们都习惯带着各自的心理认知，常常以自己很熟悉的方式回应眼前的人和事，却忘记了沟通这件事是双方的，沟通的目的是让对方接受我们传递的信息。

6.1.2.2　提高换位思考能力的方法

要想达到良好的沟通效果，就应该多站在对方的立场去思考问题。

在对别人评价前，我们不妨进行这样的思考：如果是别人这样评价我，我是否能接受？得到这样的评价，对方会觉得我真诚吗？工作中，当你在批评下属前可否进行这样的思考：我的任务布置是否合理？是否给下属必要的资源帮助？是能力有问题还是态度有问题？

有效做到换位思考需要我们在沟通过程中时常问自己三个问题：听

众需要什么？我能给听众什么？如何进行前两个问题的有机联结？

（1）信息简明清晰

信息简明就是使用尽可能少的语言完成沟通，沟通时避免冗长乏味的语言表达和不必要的重复，既节约自己的时间，更节约了受众的时间，进而提高沟通的效率。

信息清晰就是要求沟通者在沟通前认真准备沟通信息，包括清晰地思考和表达，精准选择词语，避免晦涩难懂的语句，有效构筑语句和段落，包括长度、统一度、内在的逻辑关系和重点内容的表达等。

（2）注重沟通方式

沟通主体在传递信息时要注重沟通礼节，考虑对方的情感，做到真诚、有礼貌，对他人发自内心的尊敬。有这样一个反面案例：

某单位董事会上，董事张波准备提议自己关于提高生产率的议案，张波发言后，某位资深的董事发言："按照我的看法，以这个想法来提高生产率是幼稚的，现场情况远比张波想的要复杂得多，我不认可这个提案。"

试想一下，这样的沟通会是怎样的结果呢？

客观地讲，在平时的沟通过程中，我们习惯对自己的上级或长辈注重礼节及沟通策略，但对自己的下级或晚辈则往往容易忽略这些。这是因为，管理者习惯于发号施令，认为下属应该按照自己的意愿去做事，忽略了对下属的尊重。

因此，在平时沟通过程中，我们更应注重沟通的礼节，主要遵循以下原则：一是平等相待的原则，平等看待上下级关系；二是相信下属的创造力与工作主动性；三是看淡自我的身份地位，无论你身处什么位置，只不过是拥有较多的权利，而不是高高在上的权利。

（3）语言具体生动

在管理沟通中，语言要具体、生动、活泼，而不要用模糊的、一般性的说法。可用以下四种方式提升沟通的生动性：一是善于利用客观事实和数据图表，运用对比的方法增强语言感染力；二是强调句中的动词或关键词；三是选择活泼的、让人容易联想的词语；四是通过类比的方式来突出主题。

（4）表达有序连贯

在管理沟通中，表达中断的常见问题主要包括以下几种情况，一是缺少平等的说话机会。主要存在于一个人打断了另一个人，或是当某人控制了气氛，或是两个人或更多的人想同时说话的时候。二是过长的停顿。停顿不是完全的沉默，其间可填入“嗯”“啊”之类的语气词或重复说过的话。三是主题的失控。主要存在于当一个人单方面决定下一个谈话主题时，或突然将主题转到另一个毫不相干的方面。

在管理沟通过程中，为形成连贯有序的沟通气氛，要关注以下几点：一是学会多提问，同时在回答对方的问题之前，不轻易打断别人的话。二是要避免长时间的停顿。三是保持轮流讲话，肯定他人话语的价值，以便于共同帮助解决问题。

（5）信息有针对性

管理沟通的信息要具有针对性。沟通的语言越有针对性，就越能起到良好的沟通效果。以下两种描述方式，一种是非针对性描述，而另一种则是针对性描述。

1）非针对性描述

第一组 A：“你从不征求我的意见。”B：“不，我征求了。在我做决定之前总是向你请教。”

第二组 A：“你从不考虑其他人的感情。”B：“不，我是考虑的，我是非常愿意为别人着想的。”

第三组 A：“这工作糟透了。”B：“不，这是项非常伟大的工作。”

2）针对性描述

第一组 A：“你昨天的决定没有征求我的意见。”B：“是的，尽管我通常征求你们的意见，但我原以为这件事不重要。”

第二组 A:“你给我们的答复带着讽刺，让我觉得你不太考虑我们的感受。”B:“真对不起！我也知道自己常常讽刺他人而不顾其感受。”

第三组 A:“按时完工的压力影响了我工作的质量。”B:“按时完工是我们工作的一部分，让我们想想办法来减轻压力。”

从中我们可以体会到，不同的描述方式会取得不同的沟通效果。

（6）尊重他人原则

尊重他人原则，包括了表里一致原则、认同性原则、积极倾听原则。认同性的沟通能够使对方感到自己被认可、被承认、被接受和有价值。

在管理沟通过程中，我们要避免排斥性的沟通。这种沟通常常会使对方在自我价值、认知能力和人际关系处理能力等方面产生消极情绪，不仅否认了他人的存在，也否认了他人的独特性和重要性。排斥性沟通主要表现为沟通者的自我优越感、冷漠、严厉和冥顽不化。

在管理沟通中，我们也要避免以优越感为导向的沟通。这种沟通会给人留下一种印象：谈话的一方是博学、合格、能胜任且有力的，而另一方却是无知、不合理、不胜任且无力的，这无疑对双方的沟通造成了障碍。以优越感为导向的沟通主要表现在以下几个方面：一是奚落，在别人的敬意中抬高自己；二是自夸，诸如“如果你懂得像我一样多，就不会这样了”的话语；三是事后诸葛，如“如果你早跟我说，事情就不会如此了”；四是以行话、惯用语、术语等形式将外行人排除，形成关系障碍，主要表现为绝对不容怀疑、不容质问，对其他观点不加考虑，根据自己的意愿和观点去重新解释他人的观点，从不说“我不知道”，对每一件事都要表现出自己在行，不愿忍受批评或接受其他观点，喜欢在讨论之后作总结性发言等方面。

6.1.3 抓住时机的赞美肯定

管理沟通最重要的一点，就是学会赞同别人，这也是当代智慧的结晶之一，在你的工作中再也找不出比赞同别人更简单的技巧了。

只要人还活着，就一定要记得：愚者喜欢反对别人，而智者选择赞同别人，面对错误时，有智慧的人更擅长如何赞同、引导别人。

全世界有 30 亿人每晚都饿着肚子睡觉，而有 40 亿人却带着空虚感入睡，很多人只是因为一整天未曾得到一句鼓励或肯定的话。一个人如果在没有鼓励的环境下工作和生活，那么，他整个人会变得无精打采、平庸、无活力！

所以，当我们想要批评人时，咬住舌头，想要赞美人时，高声表达。

6.1.3.1　案例分析

◎ **案例 1**　恰到好处地赞美

赞美别人一定要赞美到点子上，最好能抓住对方身上最不起眼的、容易被大多数人忽视的闪光点，这样才能挠到对方的痒处。

许多是一家公司的业务部经理，公司能否正常运转以及盈利状况如何，与业务部的销售业绩有着莫大的关系。

有一次，业务部接了一个上亿元的大单。许多心想，如果这个单子谈成了，那么这个月的销售任务就会超额完成。没想到，谈判的过程异常艰难，对方的负责人岳经理提出了很多苛刻的要求，可谓百般刁难。这让负责洽谈的人感觉十分棘手，但又想不到更好的解决办法，谈判就这样陷入了僵局。

许多作为业务部的经理，感到压力颇大，决定亲自出马。两天后的一个晚上，许多和公司老总一同约请岳经理共进晚餐。席间大家交谈得很愉快，互相诉说在商场打拼的不易，都没有提到单子方面的事情。晚餐结束后，饭店经理拿着一个签名簿和一支软笔，请大家题字留言，多给饭店提一些宝贵意见。岳经理不假思索，大笔一挥，写下了几行潇洒飘逸的大字。随行的人看罢，都不由得鼓起掌来。许多不失时机地赞美道："没想到您写得一手这么好的字，真是让人佩服啊！不知道您师从哪位书法大师啊？"此时，岳经理虽然表面上不动声色，但心里已经乐开了花。“我哪有拜什么书法大师啊，就是平时没事的时候喜欢写写字罢了，自得其乐，登不得大雅之堂的，许先生过奖了！”就这样，大家在轻松愉快的交谈气氛中分手了。

第二天，许多接到岳经理的电话，对方很客气地告诉他这个单子就这么定了，其他的要求就不提了。

也许在别人看来，岳经理能写得一笔好书法并没有什么值得称赞的，但许先生却能抓住对方这个不起眼的闪光点，不失时机地予以赞美，并向对方表达了自己的敬佩之情，从而满足了对方的虚荣心，使对方心里十分高兴，生意的谈成自然就是水到渠成的事了。

在人际交往中，与其赞美别人身上最大的闪光点，不如赞美对方最不起眼的，甚至连他自己都不曾关注的闪光点。因为他最大的闪光点已经成为他生命中的一部分，在任何人看来都已经是不足为奇的了。而那些不起眼的闪光点，因为从未或很少有人发现，因此就显得弥足珍贵。这种不同凡响的赞美自然能赢得对方的好感，从而有利于双方交往关系的进一步深入。

6.1.3.2 提高赞美能力的方法

那么，怎样运用“赞同别人”这一艺术来提升沟通能力呢？

（1）赞美讲公开

一旦发现同事的优点和业绩，就立即公开赞美他，为他打气。一定要让他们知道你感到自豪高兴的心情。如果你仅仅用暗示让人知道你在赞同他们是远远不够的。下属取得较大成就时，可在全体员工大会上对他表扬、称赞，这种沟通方式被许多管理者采用。这种方法虽然简单，但产生了十分显著的效果。因为人具有社会性，每个人都希望能够得到别人的肯定和认可。公开场合的称赞表达了一种关注和认可，具有极大的激励作用，会使当事人产生感激的心理效应，视领导为知己，同时激发其他人员的上进之心，进而为公司创造更大效益。

如果管理者将效益放在首位而忽略了对突出贡献人员的赞美，久而久之，员工就会产生“领导只会利用自己”的负面思想，在感情上与公司疏离，进而丧失工作热情，最终导致员工纷纷辞职、跳槽。

从上面可以看出，管理者应该重视对员工尤其是有能力的员工对公司的情感归宿。留住他们最好的办法就是对他们取得的成绩给予充分的肯定与称赞，同时在较为正式的场合给予表扬和鼓励。

公众场合的鼓励，能够产生巨大的魅力，因为它公开认可了员工的价值，是最有效的沟通。

（2）赞美讲技巧

当然，在管理沟通中，赞美要讲究语言表达技巧。

1）一是讲究因人而异。每个人都有差异，不论是年龄的长幼之别或是素质、能力高低，有针对性的赞美往往比普通化赞美能得到更好的效果。上了年纪的人希望夸奖他们“想当年”的辉煌过往，而年轻人则希望在创造才能和开拓精神方面得到称赞，当然这一切的夸奖都要依据事实，不虚夸。

2）二是讲究情真意切。人们喜欢赞美的话，但并非无来由的赞美，真正引起喜悦的夸奖只能是那些从事实和内心出发的赞美。毫无根据、虚情假意的赞美只会让人感到莫名其妙，给人留下油嘴滑舌、诡诈虚伪的不良印象。当你偏要对一位其貌不扬的女性说：“你真是美极了”，对方自然而然明白你所说的是违心之言。但如果你能从她的服饰、谈吐、举止等方面出发并且真诚地赞美，就会被欣然接受。真诚的赞美不仅能够让被赞美者产生愉悦的心理，更能使被赞美者保持乐观、欣赏的态度。

3）三是讲究翔实具体。工作中并不是所有人都能拥有显著成绩，赞美应基于具体事情出发，赞美时越翔实具体，就越能体现你对他的了解和看重，也向对方传递了你的真挚和亲切，人际关系也随之越来越紧密。如果赞美得含糊其词，说一些“你的工作非常出色”等笼统无意义的话，不仅会让被称赞者感觉你有所图谋，也会因此产生误解和信任危机。

4）四是讲究合乎时宜。赞美也要追求伺机而行、适可而止，真正做到“美酒饮教微醉后，好花看到半开时”。当别人向你分享计划做一件你认为十分有意义的事情时，在筹划阶段给他鼓励能够增加他的信心，在过程中的鼓励则能够激发他再接再厉，而事情结束后的认可鼓励则是肯定对方的成绩，真正达到“赞扬一个，鼓舞一批”的效果。

（3）赞美讲方式

赞美过程中的遣词用句也是一门重要的学问，用词不当则会适得其反，甚至让人觉得“拍马屁”，给所有人留下露骨、肉麻的不适感。如果羞于采用热情、直接的赞美方式，那么试着采用间接的方式进行赞美也会达到同样的效果，有时反而得到意想不到的结果。赞美一般有以下的三种方式。

1）以点带面。即避开直接赞美对方，选择针对对方的优点，进一步赞美其优点所在的层面，达到言在彼而意在此的效果，不露痕迹却能使对方如沐春风。

2）借用第三者的口吻。比起当着面直接赞美“你看来那么年轻漂亮”之类的话，不如说“你真是漂亮，怪不得某某一直在我面前夸你年轻！”，前者不免有恭奉承之嫌，而后者势必会使对方喜悦。因为“第三者”一般是比较公正地、客观地存在。相比直接赞美，善于使用“第三者”的口吻来赞美更能得到对方的好感和信任。

3）背后赞美。选择被赞美者不在场时说一些赞美的话，再借由听者传到本人。在日常生活中，我们可以试着在他的朋友或同事面前不经意地赞扬当事人一番。巧妙地运用背后赞美可以发挥更大的作用，直接赞美不恰当时会使对方感到不满足、不过瘾，甚至不服气，而赞美过头又会变得恭维，背后赞美可以巧妙地避免这些问题。

6.1.4 富有情感的演讲发言

在日常管理活动中，尤其是演讲发言时，我们说话要具有感染力，这样才能更好地展现出我们自身的魅力与形象，也才能更好地打动对方。如果你的说话软绵绵，毫无生气，死气沉沉，那么，对方就对你的话失去了兴趣，也会对你说话水平感到质疑。我们在说话的时候，应该潇洒一些，使语言更富有生气，富有感染力，这才是语言表述中一个极为重要的方面。说话的目的是更好地沟通，要去调动对方的情绪，这样才能更好地打动对方。在管理沟通中，我们经常看到这样的场面：自己一个人在唱独角戏，对方却显得躁动不安。如果我们的说话换来的只是对方毫无反应的场面，那只能证明这次沟通的失败；相反，如果你的语言极富感染力，能够使对方喜笑颜开，那么，证明这次沟通是成功的。

6.1.4.1　案例分析

王经理是个不善言谈的人，一次重要会议上，会议主持人突然宣布他要讲话，这使他很慌乱。因为他从来没有当众发表过演说，这时更没有任何准备。最后，他还是讲了几句，其效果可想而知，听众哄堂大笑。“那次演讲后，我发誓以后再也不在公众面前讲话了”，他后来回忆这次经历时说道。

但在此不久后，他呈现了一场极为出色的演讲，究其成功背后的原因，是他投入的情感为他带来了掌声，他的演讲真实地讲述了自己的内心感受，从这个事情可以看出，沟通效果与投入的感情成正比。

6.1.4.2　提高富有情感能力的方法

从上述的案例中我们可以看出，富有情感是演讲成功的重要法宝。无论任何场合，只要我们流露真情、以情暖人、以情动人，都会取得不俗的效果。

（1）坦露心声

言为心声，一场出自内心、发自肺腑、情感丰富的演讲更能够拨动听众的心弦，演讲者和听众的共鸣也更加强烈，演讲者所传递观点也自然而然更容易被接纳。

（2）适时评述

激情是一种瞬间爆发、最能够打动、征服听众的一种态度。充满激情的发言是让自己的演讲深入人心、引起共鸣的又一妙招。

（3）铺陈渲染

铺陈渲染往往能够为演讲的主题蓄势，进而顺利将演讲推向高潮。演讲者在表达理想、志向等情况下，运用铺陈渲染的方法，更能让听众感受到情绪激昂、语气磅礴的效果，给人以震撼的感受，进而完全征服听众。

（4）口才点睛

小说家维拉凯瑟曾经说过：“热情是每个艺术家的秘诀，而演说家都应当是艺术家，这是一个公开的秘诀，十分有效。”“共情”是一场演讲成功的秘诀，而演讲中的情感连接着演讲者和听众的心。以“情”动人心，才能使演讲更加耐听。

6.2 信息传递能力的提升

信息传递能力的提升主要包括学会别开生面的交流方式、学会有声有色的交流方式、学会抓住重点的交流方式、学会注重形象的交流方式。

6.2.1 别开生面的自我介绍

每个人都想通过一些特殊的方式来介绍自己，通过别开生面的方式展示出个性的自己。在别人面前如何更好地自我介绍才能让别人更快地记住自己呢？以下先通过案例分析，让大家了解一下自我介绍经常出现的问题。

6.2.1.1　案例分析

自我介绍是竞聘面试的第一问。在自我介绍中，不仅面试官可以考查竞聘者的语言表达能力、应变能力，而竞聘者也可以主动向面试官展示自己的才华。一般自我介绍的时间为 3 分钟左右，在如此短的时间内，竞聘者如何秀出自己呢？

◎ **案例一**　时间把握差致使竞聘失败

齐元是一个很健谈、口才甚佳的人，自认为对于自我介绍不在话下，所以他从来不做准备，看人下菜碟。他的竞聘岗位是市场开发部经理，在自我介绍时，他大谈起了电力市场的走向，由于时间没有控制好，还未谈及关键问题就超时了，面试官及时打住了他的发言，自我介绍也只能半途而废。

◎ **案例二**　语气做作致使面试败北

小郑去竞聘一家电力企业的企管部副经理岗位，面试安排在一个很大的办公室内，分为五人一小组，内容是围绕某个话题自由讨论。面试官首先要求每位应聘者进行自我介绍，小郑是第二位，与前面应聘者充满卡顿的介绍不同，她早早做了相关准备，将工作业绩写了一段话，还作了一些修饰调整。小郑的介绍极为流利，但美中不足的是给人一种背诵的感觉，造成最后的面试成绩不理想。

◎ **案例三**　怯场致使面试成绩差

某电厂中层干部去参加集团公司年轻干部竞聘，由于很少参加类似活动，自信心有点不足，面试过程中说话很紧张，表情不自然，时常出现说话磕磕巴巴的情况。面试结束后，他自己都认为不可能通过。结果出来后，果然与他预期的一样。

6.2.1.2　提高自我介绍能力的方法

自我介绍是管理沟通中十分重要的一环，开场白如果做得好，会给人以深刻印象，带来好感，有利于今后的工作和业务开展，以下几种方法可供大家参考。

（1）自信为先

有些人害怕与陌生人交流，本来伶牙俐齿的人却因为和陌生人的交流变得说话结巴、思维凝固，原本笨嘴笨舌的人更是嘴巴贴了封条，这种情况自然也无法做好自我介绍。自信才能克服这种胆怯心理，有了自信心，才能做好自我介绍，进而给别人留下良好印象。

（2）自然为上

自我介绍时，最好不要用“很”“最”“极”等表达极端的词汇，容易给人以“狂”的不好印象，真诚的自我介绍才能使自己引人注意。一个好的自我介绍要自然清晰地说出自己的姓名、职务，不论倾听对象是谁，都要不卑不亢、友善热忱，避免犹豫、自卑的心理。

（3）注重实际

在日常管理沟通中，尤其是自己介绍时，既不能过度夸奖自己，也不必有意贬低自己，应该更加实事求是、注重实际。

（4）繁简适宜

自我介绍通常包括姓名、籍贯、职务、工作单位或地址、文化程度、主要经历、爱好等内容。进行自我介绍时，要根据不同场合，适当地删繁就简。一般来说，工作联系、宴会、发言前的自我介绍应该简单明了，而在应聘、交友等场合中则不妨详细一点。

（5）内容明确

在进行自我介绍时，语言逻辑一定要清晰明确，这不仅是为了让对方听清自我介绍的内容，更重要的是使对方感受到你的自信，对你产生一种亲近心理。如果你在表达时声音模糊、羞羞答答，会使人感到你找不到自我，给对方留下不好的印象。

（6）语言得体

自我介绍时，要注意语言优雅得体。如果有人这样介绍：“我姓杨，是杨树的杨，不是猪马牛羊的羊。”别人会认为粗俗不堪，不值得与你交往。

（7）讲话“我们”

自我介绍时不建议过多地出现“我”字，因为这会给人一种突出自我、标榜自己的印象。所以要尽量少用“我”字，同时要以平和的语气、平缓的语调说“我”，目光要亲切、自然尽可能地用“我们”来代替“我”，这样可以缩短双方的心理距离，排除陌生感。

（8）考虑对象

自我介绍是通过展示自我给对方留下良好印象的做法，因此，要站在对方的角度来进行自我介绍。比如第一次参加某学科研讨会时，你站起来说：“我叫××，我来发个言。”此时在场的人势必会想：这是什么人？怎么从来没见过？他做过哪些研究？他的发言值得听吗？由此可见，面对有这么多想法的听众时，你只介绍“我叫谁”是不足以让别人专心听你的发言。但如果你理解了听众心理，就可这样介绍：“我叫××，是××公司的××领域负责人，第一次参加这样的研讨会，望大家多多指教。现在我想就××问题谈谈自己的看法……”这样的介绍，才不会使听众心中充满疑惑，进而专心听你的发言。面对年长且严肃的人，应选择认真规矩的自我介绍方式；而面对随和且具有幽默感的人，不妨放松自如地展示自己的特点。

（9）要控制时间

进行自我介绍一定要力求简洁，尽可能地节省时间，把时长控制在规定的时间内。为了做好时间控制，建议采用金字塔原理，最重要的信息先介绍。

6.2.2　有声有色地讲述故事

在管理沟通中，好领导都会讲“故事”。有声有色讲述故事是管理能力的重要体现。故事有其自身的力量，能够降低对人员和工作的管理难度。

沟通是管理的基础，而绘声绘色地讲述故事则是有效交流机制中最佳途径之一。管理者始终都在追求更有效的管理，如果能够试着讲述身边的故事，并且利用这些故事来调和人与人之间的差异，就能够达到管理的目的。

6.2.2.1 案例分析

◎ **案例 1** 通过故事让员工感受鞭策力

在日常管理中，面对员工自觉性较差时，不能一味地为他创造良好的软环境。通过讲述故事让员工感受到一些威胁的存在，从而激发他们的工作积极性。而对于自觉性强的员工来说，在他们满足、停滞、消沉的时候，适当地讲述故事，可以帮助他们自我认知，重新激发新的斗志。

◎ **案例 2** 通过故事让员工感受沟通力

在日常管理中，你是否真正理解员工的话外之意？如果你也习惯性利用上级的权威去干扰员工表达，习惯于用固有经验大加评论和指挥，请换位思考一下，如果你是员工会有何种想法？打断员工的表达，不仅会让自己的决策过于片面，也让员工缺乏尊重，久而久之员工自然就会丧失说出真实想法的兴趣，这时领导就成了真正的“孤家寡人”，只能作出“睁眼瞎”的决策。面对这种情况，我们可以通过讲述故事，让员工提升沟通感受力，进一步优化你的管理，纠正管理错误，从而制定更加切实可行的方案和制度。

◎ **案例 3** 通过故事让员工感受竞争力

俗话说，流水不腐，户枢不蠹。人生来就是惰性动物，缺少竞争力就容易故步自封，可以通过讲述社会上的其他故事，让员工感受到竞争的压力，激发斗争的潜力，也使员工不至于被公司、市场和社会淘汰。

6.2.2.2 提高讲述故事能力的方法

管理沟通，方式方法很重要。讲述故事也是这样，不同的方法会取得的不同的效果，所以，我们要关注方式方法，以此提高讲述故事的能力。

（1）紧扣主题，开好头

沟通中的讲述故事，要目标明确，中心突出，绝不能为了讲故事而讲故事。故事的开头应尽可能地详细，同时细化故事背景，随后慢慢加速。

（2）关注节奏，转换好

善用停顿，一个意味深长的停顿可以有效吸引听众的注意力，同时营造张力。一个意味深长的停顿更能激发听众兴趣，增加故事悬念和戏剧色彩。发表讲话的你化身为向导，本身就是故事的一部分，要学会在这双重角色中不断跳进跳出。

（3）关注音调，情绪好

在强调、情感强烈时调高音调，而表达沮丧、恨铁不成钢、无奈等负面情绪时放低音调，沟通控制好个人的情绪让受众有代入感。

（4）做好手势，表情好

尝试使用更加丰富的肢体语言。使用自然生动的表情，先感动自己再感染别人，投入全部感情来完成演讲，无需与观众过多的交流，自己入戏、身在其中才最重要，只要能够完成这一点，表情自然生动好看。同时，肢体语言不刻意，但也要放得开，大气之外也可以略显浮夸，同时适时地选择疑问、反问、自问自答等形式的互动。

（5）关注结尾，总结好

结尾要做好对全文的提炼，通过升华结尾进一步传递力量、触动人心，给人回味和思考的空间。

总之，沟通过程中，讲一个精彩的故事能让沟通富于情趣，起到意想不到的沟通效果。

6.2.3 抓住重点的工作汇报

在日常管理中，工作汇报是一门学问，选择重点内容、找准切入点是其中的重点。有的人总想在工作汇报时把所有业绩都一股脑地倒出，讲究面面俱到，却没抓住重点，导致汇报时不分主次，最后既抓不住要领又无法吸引领导。

重点往往没有固有定义，但只要抓住领导关注的汇报内容就是重点，一般来讲汇报时选择重点要从三个方面出发：一是汇报领导最想听、最关心的事项，领导想强调的事情你已经做到位了，领导想听的话你说出来了，就是好的汇报。二是最能展示自我业绩和能力的工作。三是有个人特色的工作。

总之，抓住重点的工作汇报就是以终为始，首先汇报你要达到的目标，通过分解下一级子目标，汇报你的措施和需要的资源。

6.2.3.1 案例分析

◎ **案例 1** 结构力不突出的工作汇报

某电厂张科长对他的经理说："经理，最近我们有几个项目不得不延期，还有刚才承包商打电话询问上次问题解决方案的反馈情况，另外，我看到……；对了，李总建议最近要开一次管理创新研讨会，如果……可能……"听了半天，他的经理开始不耐烦，问他到底想要说什么？

这就是典型缺乏结构力的工作汇报方式。如何在工作汇报时讲得条理清晰、重点突出呢？又如何避开工作汇报中的结构陷阱呢？我们掌握好线性结构的三要素即可。一是在开场快速抓住领导注意力。通过惊人的数据、动人的故事、生动的案例、有趣的观点、深入的提问来打动领导。二是循序渐进，要点内容逐次展开。有三种经典结构，即项目进展型汇报，问题+原因+方法；经验总结型汇报，故事+提问+观点；专题项目汇报，观点+论据+证明+重申观点。三是精彩结尾，令领导印象深刻。其目标就是让领导感觉汇报结构清晰，始终被汇报内容所吸引。

◎ **案例 2**　视觉力不突出的工作汇报

某电厂部门负责人洋洋洒洒地完成了几十页的 PPT 报告，并在会议上滔滔不绝地讲了 30 分钟，虽然说了很多，可与会领导总说你的内容“太平淡”，觉得他工作没成果、没业绩。这就是典型缺乏视觉力的工作汇报方式。如何做出一份逻辑清晰、打动领导的 PPT 呢？

我们都有这样的生活经历，在高速公路上看到广告，能记住哪些内容？从中我们悟出视觉原理，即大脑爱简洁，文字要有力；大脑爱图形，图片要传情；大脑爱结构，结构要清晰。

◎ **案例 3**　情景力不突出的工作汇报

某电厂主管小李为了工作汇报辛辛苦苦准备了半个月，刚一上台就开始紧张冒汗，喉咙发紧，甚至语无伦次，只能硬着头皮在台上把 PPT 读完，领导和同事对他投来同情的目光。

这就是典型缺乏情境力的工作汇报方式。我们在工作汇报时有着怎样的情境和要求呢？首先想明白三个问题：一是为什么要汇报工作；二是领导到底希望从我的汇报中看到什么；三是如何根据情境要求选择恰当的汇报策略。

符合情境要求的汇报策略有四点：一是灵活互动、专业高效；二是条理清晰、有理有据；三是重点突出、详略得当；四是听众导向、观点鲜明。

6.2.3.2　提高工作汇报能力的方法

在日常管理工作中，工作汇报非常普遍，也很重要。工作汇报能力直接关系着工作汇报成效和工作业绩评价，也是员工岗位职位晋升的重要通道。所以，在日常管理中，我们要注意工作汇报的方式方法，提升工作汇报的能力。

（1）直奔结果

我们知道，公司管理层尤其是高层的时间都十分宝贵，如果我们在电梯中遇到领导，汇报时间只有 30 秒至 2 分钟。我们可以采用直奔主题的 30 秒法则汇报工作，包括准备干啥、有啥好处、有力证据。这种方法可以在最短的时间内把结果表达清楚，取得良好的汇报效果。

（2）直面问题

企业管理者都明白一个道理，出了问题要及时汇报，汇报的形式和说法都很重要。一是寻找时机，尽早汇报。二是表达清晰，影响多大，损失多少，其根本原因是什么。三是提供解决方案，建议汇报 2～3 个解决方案供领导选择与决策。

（3）结论先行

结论先行，可以引发领导的兴趣。建议从上到下逐渐展开，按照重要性、时间先后等要素逐步展开。例如，先汇报项目能给公司带来多少效益，再汇报可能存在的风险，最后汇报解决问题的措施。

（4）重点突出

重点突出在任何汇报中都适用，尤其是在竞聘演讲中。这种汇报的具体流程是：竞聘的职务和参加的理由；介绍自己的年龄、学历、现任职务；突出自己的竞聘优势；提出假设自己任现职的施政方案。

6.2.4　注重形象的升职面试

在核电企业，岗位晋升往往是通过竞聘的形式开展，想要获得晋升，需要在同事中脱颖而出。在竞聘面试之前，准备好个人简介、年度考核和主要业绩等文件材料，经过笔试后，评审专家便能得出初步认识；那么你在面试中如何才能在评审专家面前树立良好的形象呢？

我们都知道，一个人的形象由多个维度塑造，躯体、面部、谈吐等方面传递出来的各种信息构成了一个人完整的外在形象。经验丰富的评审专家可以从你的举手投足、一颦一笑等肢体语言分析你的性格特点。面试时，非语言的成分占所传递信息的重要部分，参加岗位晋升面试者应该更加重视面试过程中的身体语言。

对于身体语言确实没有准确的定义，借由身体的动作来表达的信息都可归纳为身体语言。在面试过程中，不妨把评审专家视作朋友。既然是朋友的身份，那你在握手、交谈时都必须毫无保留地展示你的诚恳和热情，展现自己最好的人格魅力。这样一想，所有参加面试者都可以从容地发挥出更好的水平，取得意想不到的效果。

6.2.4.1　案例分析

◎ **案例 1**　着装不慎导致面试失败

某电厂小张，是某重点大学金融管理专业的硕士研究生。一次偶然的机会，她得到了某售电公司的面试机会，面试的职位是市场推广部主管。

面试结束后她便有不好的预感，虽然还未得到最终结果，但她已感觉希望渺茫，因为面试官没有展示出接纳她的热情，只是淡淡地说公司没有合适她的职位。其中的问题到底是什么呢？带着困惑她找到了本部门老员工，请她帮助分析原因所在。

老员工通过交流发现，小张的专业知识和工作能力没有任何问题，谈吐方面虽然有些腼腆但无伤大雅。抱着对问题抽丝剥茧的态度，老员工让她描述了面试的着装，她告诉老员工，她穿着一件藕黄色带衬里的薄纱无袖短衫，大领口和袖口边上有折叠花边，短衫下面是一条同色的短裙，因为天气炎热的原因，她没有穿袜子，鞋子则是一双贴有闪亮水晶片的细高跟黑色凉鞋，手上的帆布包印有卡通图像。

老员工一下就明白了问题出在哪，这套面试服装在夏天作为私人场合的着装非常好，但作为面试着装是非常失败的。售电工作是一个严谨、仔细并且严肃的工作，着装要给人严谨的感觉，职业装才能符合公司的需要。当你进入这家单位时面试就已经开始了，面试官已经在你不知道的地方观察你，当你的着装和办公环境吻合时，你会自然而然地与环境相融合，当你自信地走进面试间时，对于你的总体印象打分可能已经完成了。

◎ 案例 2 礼仪修养是面试成功的关键

某电厂主管李明应聘兄弟电厂科室负责人岗位。李明是个注重修养的人，他时刻保持整洁的衣服、整齐的发型，给人精明、干练的直观感受。来到电厂人力资源部，临进门前，李明自觉地擦了擦鞋底，进入会议室后随手轻关门。见有年长的人前来，他也会礼貌让座。面对人力资源部经理的询问，尽管周边环境嘈杂，他也能专注地倾听并准确回答。他的一举一动，都被来部门视察的总经理看在眼里，最终成功应聘。现在，李明已成为这家电厂的部门经理。

6.2.4.2 提高升职面试能力的方法

在面试过程中，如何提升个人形象和面试能力呢？这一点对面试者来说很重要。概括来说，面试者在表达语言、语调、身体语言方面应尽可能做到以下几点：充满自信、平易近人、充满激情、富有机智，并尽可能地放松自己。

（1）充分的准备

面试前要全面了解应试的单位和职位，准备可能的问题类型，模拟面试过程，自我调整达到的最佳状态。

一是了解应试单位信息。重点了解单位的性质、组织架构、规模、人员结构等；了解单位主要领导、面试官的信息；了解应试部门的情况，了解应试职位的情况；了解应试职位的专业要求等。

二是准备面试问题。应试者根据自身情况有所准备，但要注意与个人简历上的一致性，尽量避免谈及与做好所面试工作无关的东西，谦虚地表现自己的实力。考官的基本任务之一是要弄清楚求职者的心理动机。根据应试的工作有针对性地梳理工作经验，要突出和强调其对于做好所需职位的关系。对于未来计划和目标，要统筹考虑并且结合你所了解的实际情况来规划，使方案更具有可行性。

三是面试的语言准备。面试时尽量讲普通话，发言要平稳、清晰，语调自然、音量适中、语速适宜，做好站立不语练习、即时发言练习、命题演讲练习等多种练习。

四是面试的心理准备。任何面试，都切忌苛求完美，保持一颗平常心，而又充满自信，才能够更好地展示自己。

（2）得体的服饰

男士选择西服革履，搭配衬衫、领带，既让人感觉潇洒、英俊，又能展现男子汉的气势和魅力。西装颜色应选择深蓝色，咖啡色、黑色、灰色等主流颜色，西裤要熨烫笔直，西裤长度的选择以直立状态下裤足遮盖住鞋跟的四分之三为佳。衬衫的颜色以白色或浅色为主，选择深色西装搭配白色衬衫，更能给人以潇洒的风度。衬衫的开口、皮带扣和裤子前开口的外侧应该保持一条直线。衬衫领子保持洁净、挺括。衬衣外打领带，领带必须保持洁净、挺括。皮鞋多选择黑色，袜子的颜色最好和鞋的颜色一致，以袜口抵达小腿为宜。

女士应聘时，庄重典雅的服装更能凸显女性的职业气质。建议针对不同背景的应聘单位挑选适当的职业套装，必须与公司准员工的气质相符。选择剪裁得体的西装套裙，色彩相宜的衬衫和半截裙相互搭配会显得稳重、干练。裙子长度应在膝盖上下位置，颜色则选择淡雅或同色系的搭配，更能彰显职业女性的气息。最后，选取中高跟皮鞋，能够让你的步伐更加从容，裙装袜子宜选肉色，更能彰显雅致。

（3）恰当的礼仪

岗位应聘时，面试礼仪不可小觑，正所谓不能输在起跑线上。面试过程中，得体的礼仪是获得考官良好印象的第一步。恰当的礼仪就是展现给评委无声的“语言”，也是衡量应聘者形象的重要条件。作为应聘者，在面试过程中，礼仪其实占了很大的权重。参加应聘面试，如果掌握了恰当的礼仪，就是掌握了推销术，将为后来的成功应聘创造良好的条件。

1）候场时要关注以下几个方面的礼仪：一是注意聆听。认真听取纪律要求，听从工作人员安排。不可以随意走动、喧哗。与工作人员沟通时，要注意语气和礼貌用语。二是面带微笑。调整好心态，进行积极的心理暗示，让自己的心情开朗起来。三是整理仪容。进入考场前，确认着装整洁，注意领带和衬衫是否平整、扣子是否扣好、头发是否凌乱等。

2）入场时要关注以下几个方面的礼仪：一是站姿要挺拔、优雅，保持头正、下颌微收，双目平视前方，面容平和自然且面带微笑。二是坐姿要稳。从座位的左侧入座，入座时保持轻稳，坐时挺胸、提臀、立腰。三是走姿要平。行走时保持头正肩平，目视前方，挺胸收腹，重心前倾，同时注意摆臂幅度小且步速平稳、步幅适度，表情与步伐都要自然。四是目光要柔。眼睛是心灵的窗户，面试中目光礼仪很重要，应聘者的目光应保持坦然自信且面带诚恳的微笑。

3）应答时要关注以下几个方面的礼仪：一是在应答过程中要注重原则和礼节规范，使自己的谈吐表现得文明礼貌，回答问题时语句标准、连贯，内容简洁明了。二是自我介绍不拖沓、有分寸，针对应聘岗位重点地介绍与之相关的学历、经历、能力等，且要言之有物。三是求职应聘是一种被动交谈，事前应进行充分的准备，避免出现面试恐惧症。对于面试考官可能提出的各种问题，应聘者应保持从容镇定，遇到实在无法回答的问题时应坦诚相告。

4）面试结束时，要特别关注对方释放的结束面谈的暗示，适时地礼貌告辞。即使面试情况不佳，也要面带微笑地向各位面试考官致谢、道别。